世界が驚愕する!封印された日本の古代史

古代史の真実を研究する会

宝島社

まえがき

謙遜の国である日本。私たちは子どものころから、謙遜の美学を教えられてきた。それはけっして悪いことではない。武家社会において、力のある武士が相手に対して謙遜することには意味がある。相手も力があるとわかっているから、謙遜を謙遜として受け止めてくれる。

しかし、現代社会において、自らを卑下することはあまりよろしくない。相手はそのまま受け取って、あなたをバカにするだろう。謙遜なんて通じない。特に相手が外国人であればなおさらだ。

本書では日本と日本人について謙遜はしない。素直に、日本の素晴らしさ、日本人の素晴らしさを歴史の中で見ていく。ただし、誇張もしない。日本と日本人を祀り上げたりしない。いたって普通に日本の古代史を描いていこうと思う。

日本に限らず古代史を描くにあたっては、さまざまな難しさがある反面、面白さもある。文字資料がないけれど、考古学的資料はある。神話に彩られているけれど、そこには真実もある。さらに、思いがけない発見もある。

だからこそ、まず先入観を排除して、古代史を見てほしい。先に書いた謙遜の美学もなしにしてほしい。それから排除してほしいのが「島国根性」という言葉だ。

古代の日本列島にいた人々に島国根性はなかった。中国大陸、ユーラシア大陸との大きな交流の中に存在していた。日本は孤立していなかったのだ。海を媒介にして世界とつながっていた。

そして、自然と共に暮らしていたということも頭の片隅に入れてほしい。自然という言葉は、川や海や山からの恵みだけを指すのではない。古代の人間は地震や火山、星や太陽、地球や宇宙と深くかかわって存在していた。

現代人は、自らが作った人工物に囲まれてしまっているので、自然の営みと言われてもピンとこない。やっと最近、地球環境という言葉で自然の猛威を感じている。突然の豪雨、頻発する地震、広がる感染症など。

しかし、古代の人々にとって、それは普通のこと。彼らはそれらの猛威を常に身近に感じながら生きていた。それらの恐怖と、同時に恵みをもたらす自然に畏敬の念を持ちながら、それらを克服してきた。

本書はその点を意識しながら、古代史を綴《つづ》っていこうと思う。世界の中の日本、世界から憧れを集めていた日本、そして自然と共に生きてきた日本人を綴っていきたい。

さらに、多くの学者たちが無視してきたもの、間違った説として捨ててきたものにもスポットを当てる。明らかに間違っているものは別として、その学説の持つ意味を明らかにしたいと思う。そこには新たな日本の古代史があるはずだ。

それでは、「封印された日本の古代史」の封印を解いていこう。

編集部

世界が驚愕する！　封印された日本の古代史　目次

第三章 古墳時代

世界が驚愕する! 封印された日本の古代史

「アマテラスの真実を語る」

天照大神（写真：アフロ）

対談　伊勢谷武氏（『アマテラスの暗号』著者）×茂木誠氏（作家・予備校講師）

歴史ミステリーエンターテイメントである『アマテラスの暗号』の著者、伊勢谷武氏と、「日本史」や「世界史」の多くの著作を持つ作家であり予備校講師である茂木誠氏に、「真実の古代史」をテーマに対談していただいた。何が飛び出すか……（この対談はお二人に編集部から質問状を送り、回答いただいたものを対談形式に編集したものである）。

人類史上、最大規模の歴史捏造計画

編集部　本書のテーマは「封印された日本の古代史」です。日本の歴史学界や考古学の学界が無視したり、タブーにしたりしてきた歴史を掘り起こしていこうという趣旨で作っています。

伊勢谷さんは著書『アマテラスの暗号』のあとがきで、「学校やメディアは古代史や近現代史の多くについて意図的に事実を曲げ、真実を隠している」と書かれていますが、どの点でそ

日本の歴史学者はWGIPの存在を無視し真実を隠している

のように思われますか？

伊勢谷武氏（以下、伊勢谷氏）　まず、日本人が理解すべきは、戦後、人類史上、最大規模の歴史捏造《ねつぞう》計画が実行されたことです。ヒトラーよりも多い7400タイトル以上の本が焼かれました。

CIAの前身であるOSSが『日本計画』とWar Guilt Information Programを策定し、GHQが実行したもので、いまでも学会やメディアへのさまざまなプレッシャーのなかで行われていることです。これらは、今世紀になって、さまざまな資料が公開されています。

歴史がもし自然科学の学問だったら、日本中のすべての歴史学者が、焼かれた本や資料に封じられた事実を徹底的に掘り起こし、自分たちがこれまでつくり上げてきた歴史観が正しいかどうか、どのように影響を受けてきたかを調べ上げます。10人中10人がそうします。自然科学では〝真実だけ〟がテーマであり、それを無視すると、結果的に大きなしっぺ返しが来るからです。例外はありません。

しかし、日本の歴史学者は、このWGIPの存在を無視するばかりか、この情報をもとに真実を追究しようとする人を攻撃します。これは一体、どういうことでしょうか。

で、War Guilt Information Programを調べていくと、彼らがどんな本を焼き、何を封印し、何を捏造したかが浮かび上がってきます。内容は広範囲にわたり、その中心は近現代史と古代史です。目的は、日本人のルーツ（古代史）を消し、歴史とのつながり（近現代史）を切ることによって、日本人を根なし草民族とし、芯のない、彼らにとって無害で忠実な飼い犬のような民族にするためです。

伝統文化と家族制度を破壊する

編集部　茂木さんは、日本の歴史が、マルクス主義的歴史解釈で歪められているということを『日本とユダヤの古代史&世界史』（田中英道氏との共著）で話されていますが、伊勢谷氏の提起するWGIPについては、どのようにお考えでしょうか？

茂木誠氏（以下、茂木氏）　マルクス主義と歴史について、まず少し説明します。共産主義者はロシア革命の成功後、これを世界革命に拡大させようと頑張りました。しかしトロツキーが率いる赤軍（革命軍）はポーランドで敗北し、世界革命は幻に終わります。なぜ革命はヨーロッパに広がらな

茂木 誠（もぎ・まこと）

東京都出身。駿台予備校、ネット配信のN予備校で大学入試世界史を担当。東大・一橋大など国公立系の講座を主に担当。一般向けの著書として、『世界史とつなげて学べ超日本史』（KADOKAWA）、『ジオ・ヒストリア』（笠間書院）、『日本とユダヤの古代史&世界史』（ワニブックス／共著）、『世界史の原理』（ビジネス社／共著）ほか、多数。YouTube「もぎせかチャンネル」でも配信中。

GHQが本部を構えた第一生命ビル（写真：アフロ）

批判的人種理論というアメリカ版自虐史観

伊勢谷武（いせや・たける）
スウィンバーン大学（メルボルン）卒業後、ゴールドマン・サックスのデリバティブ・トレーダーを経て、1996年に投資家情報関連の会社を設立。現在、代表取締役。2019年3月にAmazon Kindleで発表した『アマテラスの暗号』が話題を呼ぶ。2020年10月より廣済堂出版より単行本を刊行後、2024年3月、文庫版が宝島社より発売。他の著作に『銃弾の真実　アベ元首相暗殺の謎と隠された歴史の闇』（Independently published）がある。

かったのでしょうか？

それはヨーロッパ諸国の伝統文化と家族制度、その中核であるキリスト教文化が障害になっているのだ、だから伝統文化と家族、宗教を解体することによって、共産主義革命への地ならしができるのだ、こう考えたのがイタリア共産党の創設者グラムシでした。この考え方を文化マルクス主義といい、ドイツのマルクーゼやアドルノなどフランクフルト学派がこれを受け継ぎました。

ナチス政権に追われてドイツからアメリカ（ジョージタウン大学）へ移ったフランクフルト学派は、第二次世界大戦中にドイツと日本の占領計画に参与し、両国のナショナリズムと伝統文化をいかに破壊するかを研究しました。

敗戦後の日本でこれを実行したのがGHQであり、ドイツも同じことをやられています。GHQは修身（道徳）教育と神話教育を禁止し、天皇から聖性を剥奪して、ただの「象徴」にしました。

公職追放制度を利用して大学を改造し、対米協力者に教授職を与えました。大学を飼い慣らせば教科書を作ることができ、その下の高校・中学・小学校を統制下に置くのはたやすいことです。教科書に「日本軍による南京大虐殺」という虚偽の歴史がいまだに記載されているのは、このような構造的な問題があるからです。アメリカは日本とドイツの改造のために文化マルクス主義を利用したのです。

ところが皮肉なことにアメリカの教育が文化マルクス主義者に汚染されていきました。その成果が1960年代にはヒッピー文化、ドラッグとフリーセックスの称賛という形で現れ、「差別反対！」の美名のもとに行われる言論統制（ポリコレ）が、学界とマスメディアで猛威をふるいはじめました。

2010年代からは批判的人種理論——白人が制度化した人種差別を是正するため、学校では白人の加害の歴史を強調し、最大の被害者である黒人や少数派（マイノリティ）を優遇せよ！という主張がまかり通るようになりました。

これは「アメリカ版自虐史観」ともいうべきもので、オバマ、バイデンの民主党政権が推進してきました。あらゆる国家を内側から、精神面から解体し、世界革命を成就させようというのが文化マルクス主義の目的ですから、アメリカ国家の解体も当然なのです。もはやアメリカに言論の自由は

フランクフルト学派のヘルベルト・マルクーゼ（写真：アフロ）

シルクロード。中国・新疆ウイグル自治区のトルファン（写真：アフロ）

ありません。マスメディアはもちろん、ネット記事も常時、検閲されているのです。

試みに「文化マルクス主義」「フランクフルト学派」をWikipediaで検索してみてください。いきなり「陰謀論」と出てきます。これは彼らがWikiの記事を常時検閲し、書き換えているからです。

縄文人固有の遺伝子は古墳時代に20％にまで減少

編集部　本書では、自虐史観にとらわれない古代史を展開したいと思っていますが、古代史の中で、学者たちが全く無視している問題にユダヤ人の渡来説があります。茂木さんはどのようにお考えでしょうか。

日本人の先祖はアフリカから来た戻れたとしても不思議ではない

茂木氏　２０１０年代以降、ＤＮＡ解析の全く新しい方法（次世代シーケンサー）が古代人骨の研究に応用されるようになりました。従来はＰＣＲ検査によって特定の遺伝子のみを追っていたのが、遺伝子情報全体（ゲノム）の解析が可能になったからです。

金沢大学を中心とする研究チームの調査によれば、縄文人固有の遺伝子は、弥生時代には60％、古墳時代には20％まで減少しています。それ以外は渡来人ということです。縄文人が少しずつ弥生人に変わっていって日本人が生まれたという旧説（二重構造モデル）を大幅に修正せざるを得ないのが現状です。

古墳時代（4〜6世紀）は、おそらく地球規模の気候変動により、ユーラシア大陸全体で動乱が続きました。西ではローマ帝国が崩壊して民族大移動が起こり、東では中華帝国が崩壊して北方遊牧民（五胡）が侵入しました。その余波で朝鮮半島では高句麗が南下し、百済・新羅がこれに抗う三国時代に突入します。

日本列島への渡来人の爆増は、このユーラシアの動乱が背景にあるのでしょう。難民たちの最後の避難場所が、日本列島だったのです。その避難民の中に、ユダヤ人もしくはユダヤ教徒がいたとしても何ら不思議ではありません。

紀元前3世紀、中国に来ていたユダヤ人

編集部　ユダヤ人にとって、日本は憧れの場所だったのでしょうか？　古代に、そのような日本の情報は流れていたのでしょうか？　伊勢谷さんはどのようにお考えでしょうか。

伊勢谷氏　西洋では古来、

古代日本の情報が古代ユダヤ人に伝わった可能性は高い

オリエントに対する憧れがあったので、さまざまな人が東洋に関する情報を持ち帰っていたと思います。そのなかに、日本に関する情報もあったのではないでしょうか。

　早くから離散を繰り返したユダヤ人自身も、情報を持ち帰った人たちの一部だったのではないかと私は考えています。合理的に考えても、その可能性は十分にあることです。そもそも日本人の先祖はアフリカから日本まで来たのですから、戻れたとしても物理的に全然不思議ではありません。

　ユダヤ人は歴史のなかで何度か住む場所を失い、世界中に散っていきました。日本ではアラブ人がシルクロードを支配していたと考えている人が多いですが、実際はユダヤ人だったのです。離散したユダヤ人がシルクロードの要所に住んでいたからです。中国の開封にある石碑によると、遅くとも紀元前3世紀に、ユダヤ人は来ていました。

　旧約聖書のなかにもその片鱗は見えます。東の島々、地の果て、日の出るところ、地のはるかなるところという言葉が多く現れるほか、早くは申命記のなかでもモーセは、〝主はあなたとあなたが立てる王を、あなたも先祖たちも知らなかった国に連れて行かれる。そこで、あなたがたはほかの神々、木や石の神々に仕えるようになる〟と、まるで日本の神道を指すような預言を伝えています。聖書の解釈は難しく、さまざまな解釈ができますが、少なくともこれが日本であるという解釈との矛盾はありません。

　では、もう少し俯瞰的に考えて、これはあり得ないことだったのでしょうか。私は十分あり得たのではないかと思っています。日本列島最初の遺跡は12万年前の砂原《すなばら》遺跡（島根県）ですが、より確実な遺跡は、4万年前以降、増え続けます。そしてその日本列島で、世界で最初の磨製石器、土器、漆器が使われました。

神津島へ黒曜石を採取するため船で行ったのは、人間による世界最古の往復の船旅の記録です。しかも、これらは、他の地域より数百年程度レベルで早かったのではなく、数千年から1万年も早いのです。古代日本は、圧倒的な差をもって、世界最先端の地域だったのです。

　日本人は海洋民族です。

ハプログループDの拡散

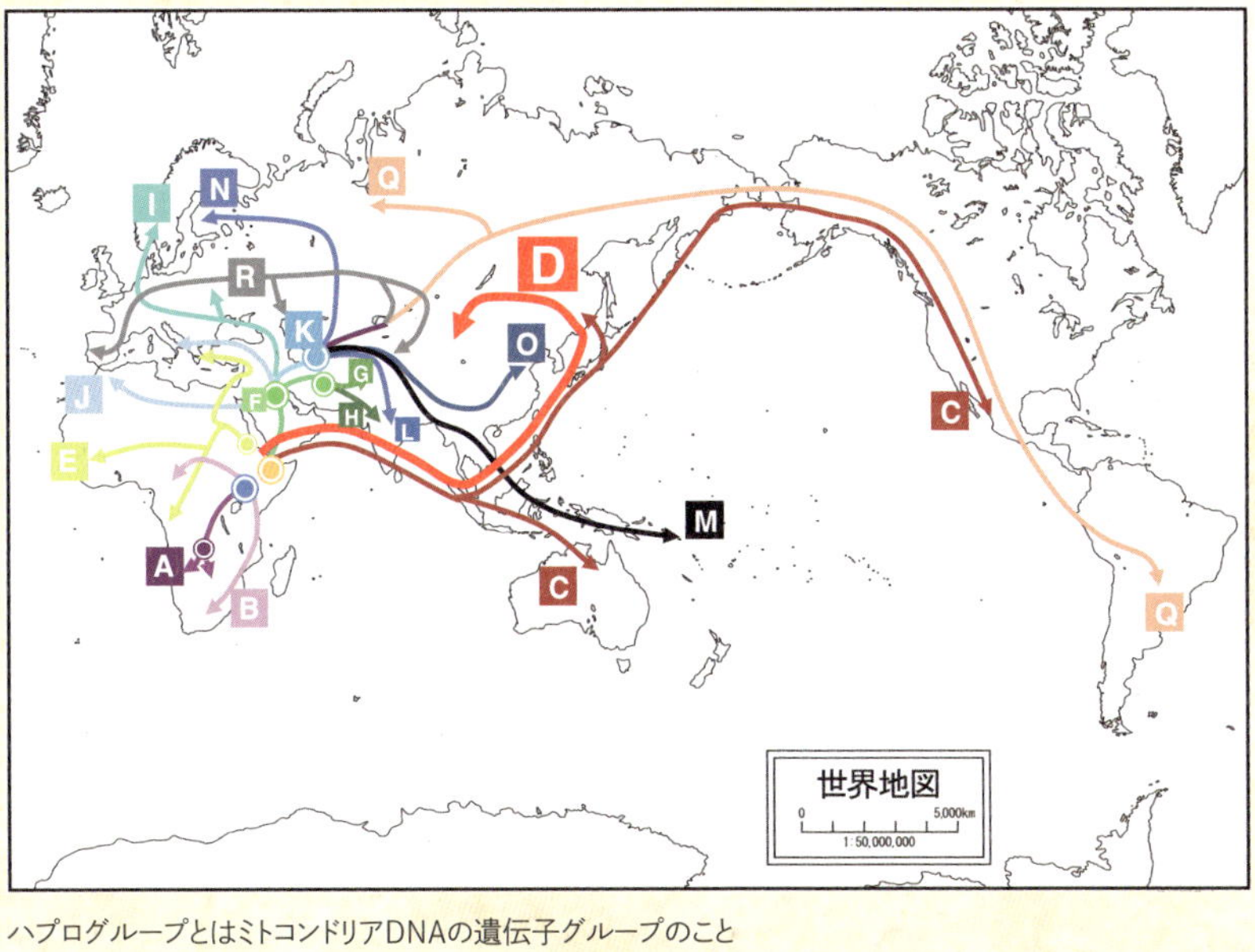

ハプログループとはミトコンドリアDNAの遺伝子グループのこと

世界最古の往復航海は日本人が数万年も前にしている！

神津島に定期的に航海していたように、黒曜石はシベリア方面でも発見されていますし、縄文遺跡は沖縄でも発見されています。古代、寒冷期には海面が下がり、航海がより簡単な時期もありました。

日本にいた人が大陸に戻るキッカケもあったと思います。その一つが西日本をほぼ全滅させた7300年前の鬼界カルデラ噴火です。2万9000年前の始良《あいら》カルデラの噴火はもっと甚大でした。

鬼界カルデラ噴火の時には、縄文人が各地に散らばっていった記録が残されています。例えば朝鮮半島。日本には1万年以上前の遺跡は1万以上ありますが、朝鮮半島にはたった50ほどしかありません。しかも、1万年前からそれは消え、次に朝鮮半島南部で現れるのが縄文式土器です。

遺伝子的に見ても、日本とチベットからアンダマン諸島に多いハプログループD（前頁図参照）は、昔のマイグレーションマップでは陸を通って日本にやって来たことが示されていますが、最近のものを見ると、インド洋から東南アジアの海を渡って日本に到着し、それが西に進み、大陸に入っていったことが示されています。当時の中国大陸は極寒地域で、移動が不可能だったからです。

状況から判断すると、彼らの一部が秦の建国にも関わったとされる大陸のD、羌《きょう》族など古代中国で中心的な民族となり、失われた十支族の一部も彼らに合流しました。これがミャンマーで発見されたマナセ族です。その後、ユーラシア大陸で発見されたエフライム族も主にDでした。

安住の土地、日本。豊富な水と食料

編集部　古代のユダヤ人にとって、日本のどの点に魅力を感じたとお考えでしょうか。

伊勢谷氏　まずは土地だと思います。彼らはどこに行っても安住の土地がなかった流浪の民です。それから豊富な水、そして食料。さらには温暖な気候だと思います。

これらの観点で、日本列島より素晴らしいところはなかったのだと思います。

聖書の知識があった秦河勝

編集部　日本に来たユダヤ人を語るときに秦氏の名前が出てきます。秦氏について茂木さんはどうお考えですか？

茂木氏　平安時代に朝廷がそれぞれの貴族の出自に関する報告をさせた『新撰姓《しんせんしょう》氏録《じろく》』という公文書があります。この中で秦氏は、「われらの祖先は秦の始皇帝の子孫、弓月君《ゆづきのきみ》である」と申告しています。弓月国は、シルクロードのオアシス都市で、現在の新疆ウイグル自治区のカザフスタン国境にありました。もちろん、祖先を有名人にしたがるのはいつの時代も同じことですが、彼らがそのように主張しているのは面白い

「十戒を述べるモーセ」（ラファエロ、写真：アフロ）

と思います。

始皇帝がユダヤ系だったという決定的な証拠はありませんが、始皇帝陵の近くで発見された皇子の頭蓋骨の復元図を見ると、明らかに漢民族（モンゴロイド）ではなく、西アジア系の白人（コーカソイド）の顔立ちをしています（72頁参照）。

さて、弓月国から東へ向かった秦氏は朝鮮半島東岸の新羅で足止めされていました。これを日本列島に迎えたのが応神天皇です。浅い海だった大阪平野を干拓し、巨大古墳を建造した応神天皇ですが、それが可能になったのは秦氏が土木技術をもたらしたからでしょう。

秦河勝

秦氏が創建し、全国展開した神社として、八幡《はちまん》神社が知られています。八幡神社は秦氏の保護者である応神天皇を祀っていますが、もともとの八幡神は秦氏がもたらした大陸起源の神だった可能性があります。八幡は「やはた」とも読みますから、ユダヤの神「ヤハウェ」と似ています。

また京都盆地の太秦《うずまさ》に移住した秦氏が祀ったのが松尾大社と伏見稲荷《いなり》大社ですが、伏見稲荷大社の祝詞《のりと》に、「それ神は唯一にして形なし」という部分があります。これも神道の神というより、ユダヤの唯一神ヤハウェを想起させるのが面白いところです。

飛鳥時代、秦河勝は聖徳太子の側近として権力の中枢へ昇り詰めました。聖徳太子が病人や貧者を救済したという話、厩戸《うまやど》で生まれたという話はイエスの伝承を彷彿《ほうふつ》とさせます。秦河勝には、少なくとも聖書の知識があったのかもしれません。おそらくは蘇我氏に追われて播磨国（兵庫県）の赤穂へ亡命した秦河勝は大《おお》避《さけ》神社に祀られていますが、「大避《タービー》」とは中国語で古代イスラエルの王「ダヴィデ」を意味します。本来、この神社は秦河勝がダヴィデ王を祀っていたもので、のちに河勝自身が祭神となった可能性があると私は考えています。

八幡《やはた》はユダヤの神
ヤハウェの読みに似ている

編集部　秦氏について、伊勢谷さんは『アマテラスの暗号』の中で、アマテラスの真実を仏教勢力から守るため、秦氏が隠したと書かれています。しかし、仏教を蘇我氏とともに広めた聖徳太子は、秦氏の秦河勝とかなりの信頼関係で結ばれていたように思います。仏教勢力は敵だったのでしょうか？

伊勢谷氏　平安京に遷都した一つの理由は仏教の影響が強すぎたからだとは思います。そして、基本的に緊張関係はあったと思いますが、仏教勢力が神道勢力の明確な敵ではなかったと思います。

私がこの本でいいたかったのは、当時は緊張度を増す大陸の状況に鑑みて、日本全体を緊急にまとめる必要があったときで、天皇家は自分たちのユダヤのルーツを隠す必要があったということです。天皇家は自らミズラを落として日本人になろうとした。日本中の権力者たちと婚姻関係を結び、彼らの神々を天皇家の神々の系図に組み込み、ネットワークのような倭国を、より中央集権的な日本にしようとした。

しかし、宗教を神道に近づければ近づけるほど、ユダヤのルーツと結びつきやすくなり、何かの拍子に仏

天皇家は本当に日本をまとめようとしていた

教派との権力争いで利用されかねないので、それを消したかったのでは、ということです。この時、天皇家は、日本を本当にまとめようとしたのだと思います。春秋戦国時代、呉の越民族をまとめた漢民族出自の太伯が自ら黥面《げいめん》を施して越民族となり、国をまとめていったようにです。

編集部　伊勢谷さんの『アマテラスの暗号』では、神道について詳しく踏み込んでいます。特に、神道での産霊《むすび》を強く意識されていますが、「生命のないところから、生命を生み出す力」である産霊が、日本人の宗教的概念や道徳の基本になるのはなぜでしょうか？

伊勢神宮の正宮（写真：アフロ）

神道はプログラムでいうOSみたいなもの

伊勢谷氏　私は宗教の専門家でも、神道の専門家でもないので、その質問に答える適任者であるとは思いませんが、私の一日本人としての理解の範囲でということでお答えします。

『アマテラスの暗号』でも書いたように、私は、神道は、外国の宗教のようなプログラムではなく、OSのようなものだと思っています。日本の神々は何も教えませんし、強制もしません。ただ世界観があるだけです。宗教とは呼べないかもしれません。

ではその世界観は何に基づいているかというと、日本の恵み豊かで美しい自然です。自然道といってもいいかもしれません。そしてその理解の特徴は、四大宗教とは異なり、言葉がないことだと思います。感性が理性の上位にあるということです。

逆からいうと、日本人は言葉なんて、信じていないということです。所詮《しょせん》、人間が考える程度のものだからです。だから言葉で改宗させようとするキリスト教は、日本では上手くいかなかったし、日本人は政治思想なんかにも比較的騙《だま》されにくいのだと思います。一方、西洋では、宗教以前に、もともと正しい言葉は真実と一体化すると信じています。哲学も宗教も言葉がベースだから、キリスト教も信じたし、革命も起こしました。

『「生命のないところから、生命を生み出す力」である産霊が、日本人の宗教的概念や道徳の基本』。これは、どの本だったか忘れましたが、私も神道の本から学んだことです。でも、これを知ったとき、ナルホドと思

アマテラス（写真：アフロ）

いましたし、自分や日本人の道徳観の創生について、妙にシックリきたのを覚えています。それは、海外に長く住み、現地の文化に馴染むと感覚的に理解できることです。

　例えば、イギリス人はいつもネガティブなことをいいます。それが伝統的な彼らのユーモアです。大阪芸人が相棒を馬鹿にしながらお笑いを取るような感じではなく、もっとジメッとしています。フランス人は、彼らの気性や哲学的な伝統もあって、いつもお互いを批判し合います。ロシア人は、そもそも人に暗く接触し、笑いません。ユダヤ人はなんでも激しくツッコミ合います。まるでスポーツのようです。

　でも、日本では、お祭りの雰囲気のように、常に明るい、前向きな空気があり、それを皆が意識的、無意識的に、維持、発展させていこうというエネルギーが日本人の心の根底だけではなく、社会全体にも浸透しているように感じます。

　これらは日々の人間とのやり取りのなかに、言葉のなかに、お辞儀などの作法のなかに、自分が悪くなくともとりあえず謝罪するなどの礼儀のなか等々、伝統、文化、倫理、規範などに、気づかないうちに自然に組み込まれているのだと思います。

「生命のないところから、生命を生み出す力」のむすび

茂木氏　「むすび」について一言加えれば、神道では天地万物を造った創造主、唯一神という概念がありません。天地万物はそれぞれがおのずから「生ずる」のです。「むすぶ」とはこのことを指しているのではないでしょうか。

太陽神アマテラス

編集部　『アマテラスの暗号』のなかで、伊勢谷さんは習合神について触れています。茂木さんは習合神について、どのようにお考えですか？

茂木氏　神道に限らず、多神教の世界では神々は習合されます。ヒンドゥー教でも、道教でも、ギリシア・ローマの神々でも、アステカ・インカの神々でも同じです。

　太陽の力強さは男神に、月の優しさと生理との関係は女神にイメージされます。太陽神アマテラスは、世界各地の太陽神と同じく男神だったと私は考えています。

　その太陽神を祀る巫女さんがいて、大日孁貴《おおひるめのむち》というお名前でした。偉大な太陽を祀る巫女さん、という意味です。それがお一人だったのか、役職として継承されたのかはわかりません。

　この巫女さんがやがて神格化され、太陽神と同一視された結果、太陽の女神アマテラスが誕生したと考えられます。日本書紀には、アマテラスの別名として、「大日孁貴」の名が記されています。

編集部　茂木さんは原始的な太陽信仰について、他の本でも触れられていますが、アマテラスとの関係はどのようにお考えでしょうか？

茂木氏　紀元前3000年

『アマテラスの暗号』で神社めぐりが趣味になった

ごろから太陽の活動が弱まり、世界規模での寒冷化が進みました。高緯度になるほどその影響は甚大で、夏が短く、冬が長くなったわけです。イギリスで巨石記念物ストーンヘンジが建造されたのがこの時代で、遺跡全体が夏至の日の出の方向を向いています。短い夏を惜しむ儀式を行ったのでしょう。

日本は縄文時代の後期にあたり、東北地方や北海道でサークル状に石を並べたストーンサークルや、丸太を並べたウッドサークルが出現します。これらも夏至や冬至の日の出、日没を指し示す祭司遺跡で、縄文人の太陽崇拝の遺跡です。

アマテラスという人格神が登場するのはもっとあとのことでしょう。高天原神話でアマテラスは水田を作り、機織りをしています。明らかに弥生文化です。しかしその起源を遡ると、縄文の太陽崇拝につながるのかもしれません。

一粒で何度もおいしい作品

編集部　最後に、『アマテラスの暗号』について聞きます。茂木さんは帯にコメントを寄せていますが、この本の面白さはどこにあるのでしょうか？

茂木氏　まず純粋に、サスペンス小説として楽しめます。そして主人公と共に謎解きをしていく過程で、神道のこと、神社のこと、『旧約聖書』のこと、国際金融資本のことまで学べるという、一粒で何度もおいしい作品に仕上がっています。

私自身、神社巡りが趣味になったのは、『アマテラスの暗号』のおかげです。金融市場の第一線で働いたご経験を持ち、またご自身の足で日本中の神社を巡って、伝承を集めた伊勢谷さんにしか書けないダイナミックな作品です。

編集部　伊勢谷さん、『アマテラスの暗号』を書くに当たって、もっとも参考にした本はありますか？

伊勢谷氏　最初に読んだ『聖書に隠された日本・ユダヤ封印の古代史』があまりにもショックだったので、一番印象に残っています。日本に長期間ラビとして滞在し、研究を重ねたマーヴィン・トケイヤー氏の本です。

また、ヨセフ・アイデルバーグ氏の『大和民族はユダヤ人だった』に綴られている聖書と日本神話の類似点、『日本書紀と日本語のユダヤ起源』で説明されている日本語とヘブライ語の類似点にも衝撃を受けました。

他にもユダヤ人が書いた本を何冊か読みましたが、日本人ではなく、ユダヤ人がこのことについて真剣に取り組んでいることに大きな驚きを覚えました。

ありがとうございました。

『アマテラスの暗号』
（上下、宝島社）

第一章

旧石器時代から縄文時代

アカホヤの大噴火でできた鹿児島の硫黄島(写真:アフロ)

世界があっと驚く大発見

12万年前に人類が日本列島に来ていた!?

砂原遺跡から出土した石器とみられる石片。右端は尖頭スクレイパーとみられる（2009年9月29日撮。写真：毎日新聞社／アフロ）

ホモ・サピエンスだったら世界の常識がひっくり返る

人類が日本列島に到着したのは、今から3万8000年前と考えられている。しかし、それよりもかなり早い時期の12万年前に到着していたと考えられる遺跡が発掘されている。

その遺跡は、島根県出雲市多《た》伎《き》町《ちょう》砂原にある砂原遺跡である。ここで、2009（平成21）年の同志社大学らによる発掘調査で旧石器時代の石器群が発見された。同大学教授の松藤和人氏が調べ、12万年前～11万年前に遡る日本最古のものとする見解を発表したのだ。

もし、12万年前に日本列島に人類、それもホモ・サピエンスが来ていたら、世界的にも大発見である。ホモ・サピエンスが出アフリカに成功するのは6万年前と考えられている。

それ以前にもホモ・サピエンスがアフリカ以外で見つかってはいる。例えば、イスラエルのミズリヤ遺跡で18万年前のホモ・サピエンスの人骨が見つかっているし、同じくイス

海成段丘が続く砂原遺跡（白丸印）付近の海岸（2009年9月29日撮。写真：毎日新聞社／アフロ）

相変わらず、捏造問題を引きずる日本の考古学界

ラエルのカフゼー遺跡やナハル・メアロット遺跡群で10万年前の人骨が見つかっている。しかし、他の地域へは拡散していないし、それ以降の時代の人骨は出ていない。

そのために、10万年前にイスラエルにいたホモ・サピエンスは地球が寒冷化したため、南のアフリカに移動したと考えられている。そして、その後、6万年前までは、サハラ砂漠に遮られることで、アフリカから他の地域へは移動できなかったと考えられている。

だから、もし、12万年前のホモ・サピエンスの人骨が日本列島で発見されれば、大事件なのだ。世界の通説が、まるっきり書き換えられてしまう。

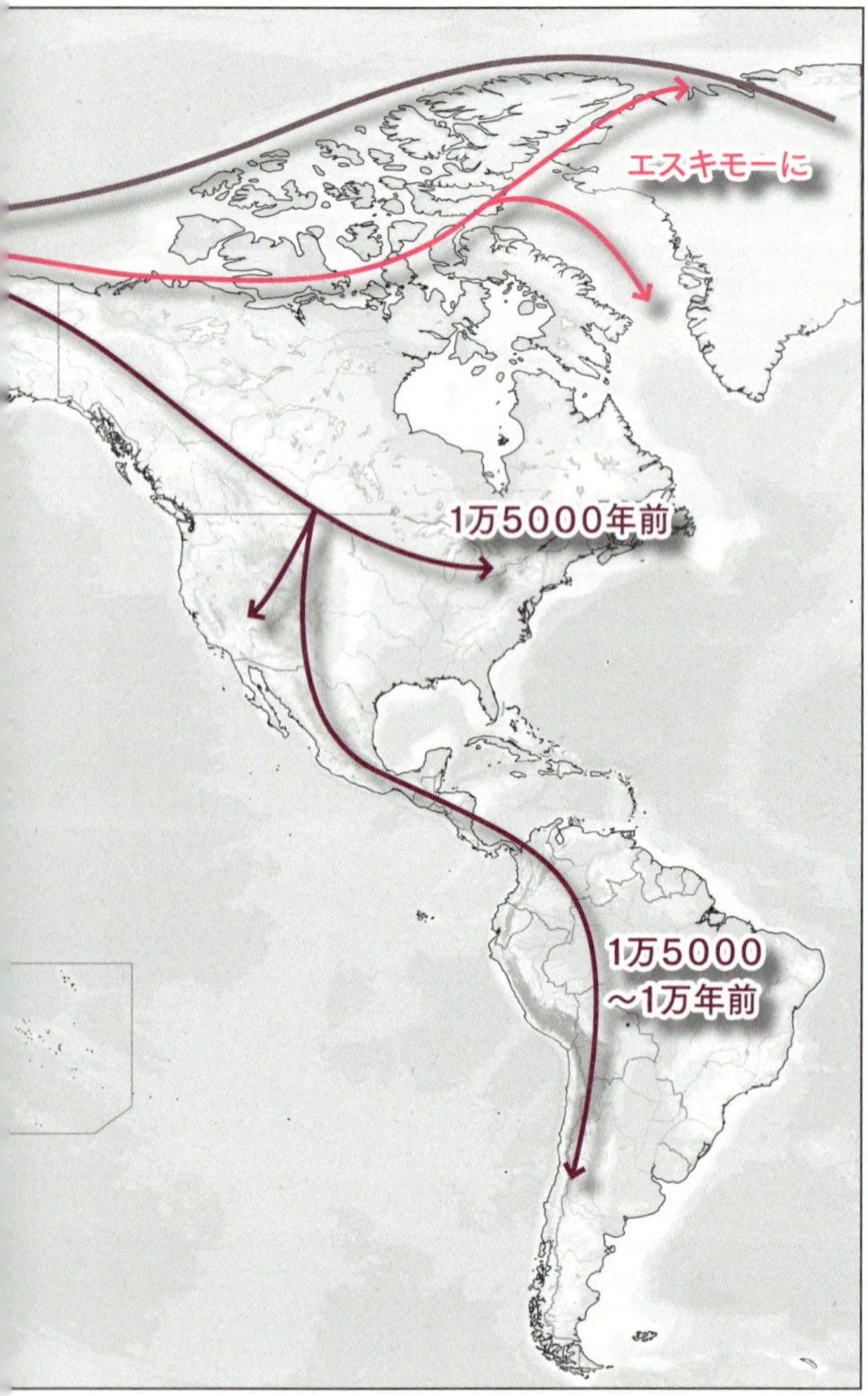

腰が引けている日本の考古学界

しかし、人骨が出ていないので、ホモ・サピエンスか特定はできないし、発見された石器群がかなり稚拙なものなので、その石器を作った人類はホモ・サピエンスではない可能性も高い。

残念なことに、日本の地層は酸性のため人骨が溶けてしまう。水辺とかサンゴ礁とか貝殻があるようなところは、アルカリ性になり人骨が残るが、そのようなところは多くない。砂原遺跡で人骨を求めるのは難しいだろう。

もし、12万年前に来た人類がホモ・サピエンスでないとしたら、どんな人類だろうか。一番可能性が高いのが、ホモ・エレクトスであろう。北京原人と同じ人類である。北京原人は70万年前に生存していたから、12万年前に日本列島に来ていてもおかしくない。そうであっても、日本の考古学の常識が覆ることは間違いない。人類の日本列島到着が8万年も前に遡るのだから。

いまのところ、日本で確実に人類がいたと考えられているのは、3万8000年前。後期旧石器時代だ。その痕跡が発掘されたのが、長野県佐久市にある香坂山《こうさかやま》遺跡だ

この遺跡は浅間山の東南約15キロ、八風山《はっぷうさん》山麓南側の標高1080メートルの地点に位置する。この遺跡からは、後期旧石器時代を特徴づける石器製作技術である「石刃」技法で作られた石器などが見つかった。

通説のホモ・サピエンスの拡散年代

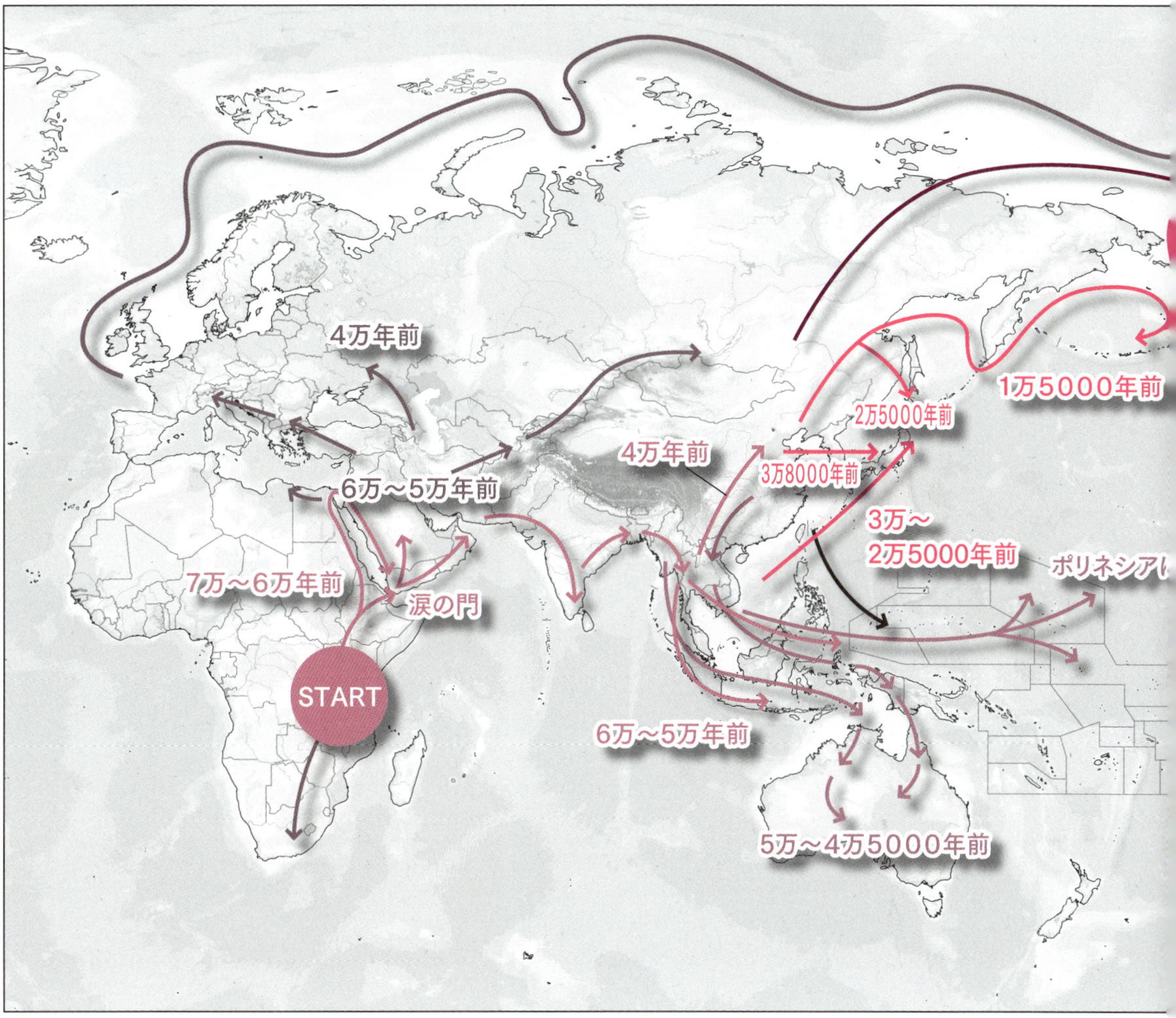

石刃技法とは、石器になる原石を他の石などでたたいて割り、ナイフのような鋭い刃をもつ縦長の素材を効率よく獲得する技術である。

いまのところ、確実に人類の足跡がわかるのは、この3万8000年前の遺跡である。

現在、砂原遺跡については、学界ではほぼ無視されている。理由は、発掘された石器群が本当に人工物であるかどうかがわからないことと、発見された地層のものであるかわからないことだ。石器群は12万年前~11万年前の地層から発見されたが、石器群が何らかの地殻変動で、後世にその地層に入り込んだ可能性があるからだ。

さらに、12万年前ということが、あまりにもいままでの常識からかけ離れているからだ。そして、やはり大きいのは、中期旧石器時代の発掘には日本の考古学界の気持ちが引けてしまっているからだろう。20年以上前に旧石器発掘の偽造事件があったからだ。

ゴッド・ハンドと呼ばれた考古学好きの男性が、旧石器時代の地層からの発掘としていくつもの石器を発見したが、実はウソだったというものだ。一時は、文化庁も巻き込んで、発見が大いに騒がれた。

だが、ウソがばれて、それ以降、日本の考古学界は旧石器時代の発掘に関しては慎重になっている。早くその呪縛から離れて、新発見の後追い調査をしてほしいところだ。世界があっと驚く新発見が待っているかもしれない。

九州地方を一変させた大天災

鬼界カルデラの大噴火で朝鮮半島に渡った縄文人

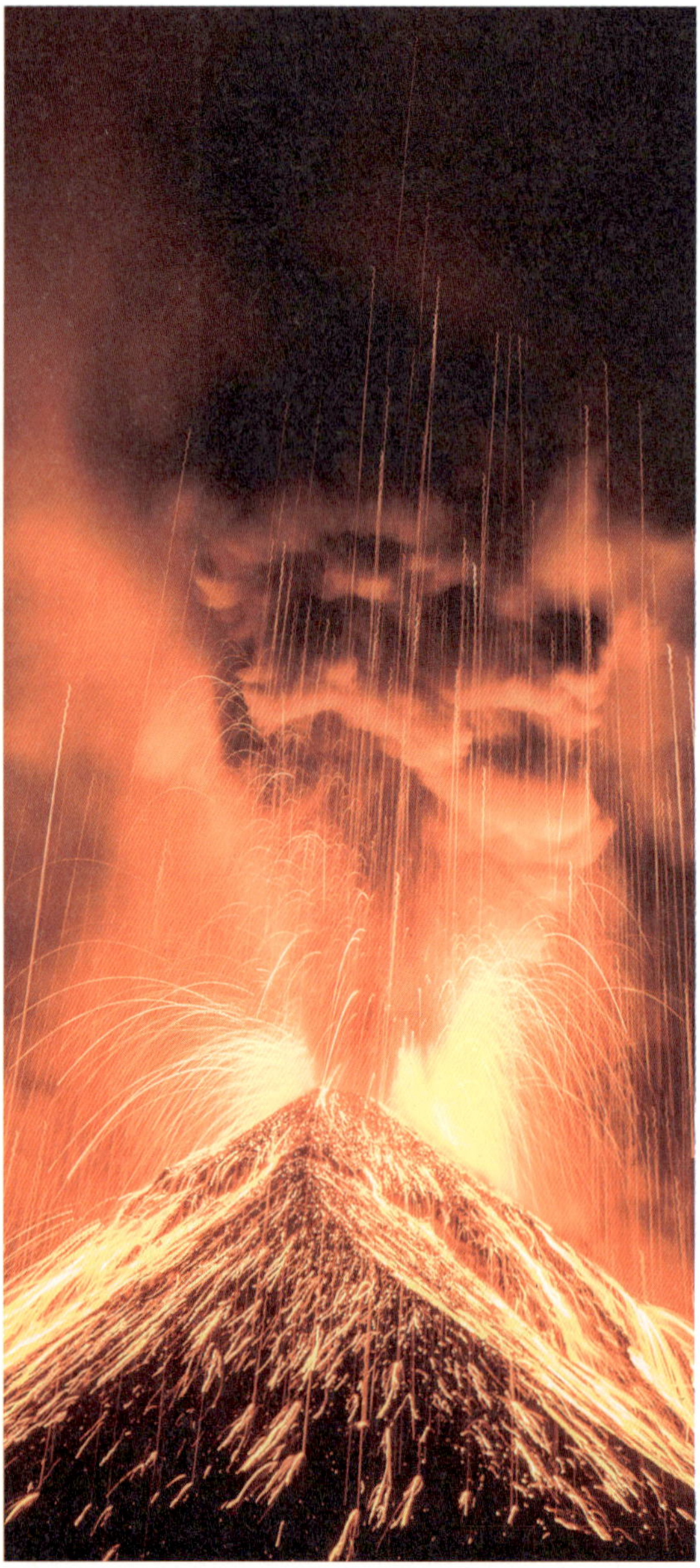

写真：アフロ

7300年前に発生した破局大噴火

縄文遺跡は東北青森の三内丸山遺跡が有名だが、縄文時代の早期には九州南部にも人々は定住し、さまざまな文化を花開かせていた。鹿児島県霧島市には上野原遺跡がある。

いまから1万600年前の縄文時代早期の遺跡から竪穴住居跡が出土しムラを作っていたことがわかっている。さらに、8600年前ごろの遺跡からは儀式で使われたと考えられる石斧などが見つかり、精神文化

アカホヤの大噴火が生んだ鹿児島の硫黄島（写真：アフロ）

が発達していたことが判明した。

しかし、いまから約７３００年前、南の太平洋岸の縄文文化を壊滅させる大事件が起こった。これが、鬼界カルデラ（アカホヤ）の大噴火である。場所は薩摩半島と屋久島のちょうど中間あたり、いまの鹿児島の硫黄島で起こった。

それも普通の大噴火ではない。山が一つ吹っ飛ぶ、例えば富士山が吹っ飛ぶような大噴火であった。破局噴火と呼ばれるが、その火山灰は遠く東北地方までも飛来した。

その時の火砕流（幸屋《こうや》火砕流）は海を渡って50km内陸まで焼き尽くした。九州南部に降り積もった火山灰は多いところで1m、少なくても30cmにはなった。

人が住めなくなった九州地方

火山灰はガラスの粉塵を含むため、空気を吸うだけで、肺に粉塵が溜まり呼吸困難になる。さらに、川にも粉塵が降り積もるため水も飲めない。さらに、雨が降ると火山灰は固まり

火山灰の粉塵は人間の呼吸器官を痛めつける

重量を増し、カチカチになって容易に排除できなくなる。しかも、噴火による大気への刺激で、必ず雨が降るから避けようがない。

空気も吸えない、水も飲めない。森に積もった灰は固まって植物を壊滅させる。こうなれば、もちろん人も動物たちも死滅してしまう。実際、上野原遺跡はいまから約7200年前ごろを境に、遺跡から何も出なくなる。人々の痕跡はいまから約4000年前ごろにならないと見つからないし、定住はいまから約3200年前ごろ、すでに、縄文時代晩期になってからだ。

鬼界カルデラの大噴火で日本の九州南部の縄文文化は、少なくても数百年、長いところでは数千年死滅してしまったのだ。

アカホヤ大噴火の火山灰と火砕流

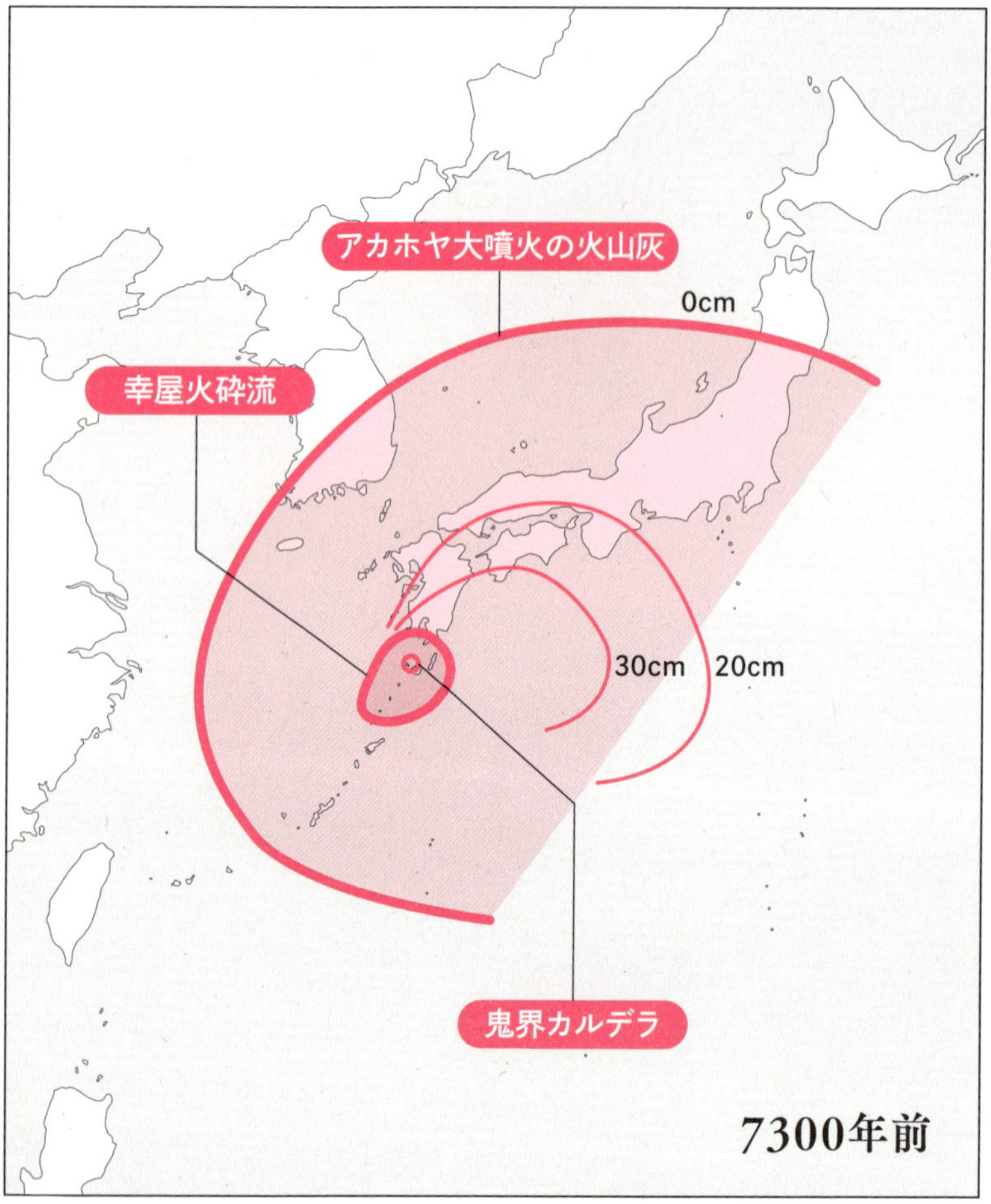

九州の縄文人は朝鮮半島へ避難した

そして、鬼界カルデラの大噴火がもたらした大きな出来事がある。それが、縄文人の朝鮮半島への移住である。鬼界カルデラの大噴火でも、生き残った人々もいた。特に九州の日本海側は、九州の真ん中にある多くの山脈によって遮られ、それほど多くの火山灰は降り積もらなかっただろう。

しかし、それでも多少の灰は降ってきて、それが人々を苦しめたと考えられる。ガラスの粉塵を含んだ火山灰は少量でも人々の体を蝕《むしば》む。なかには、死に至ったものも出ただろう。作物や川の生態系へも影響があったはずだ。

彼ら生き残った九州の縄文人は、その難を逃れるべく、日本海を渡って朝鮮半島に移住したと思われる。その証拠が朝鮮半島南部に約7300年前ごろの地層から発掘される遺跡である。

7300年前以前、済州島は別にして、朝鮮半島南部には約1万2000年から約7300年前までの遺

7300年前の朝鮮半島に忽然と現れる遺跡

跡は発掘されていない。鬼界カルデラの大噴火があったころは、朝鮮半島南部には人間が住んでいなかったのだ。

　人々が住んでいなかった理由は、朝鮮半島の南部の山々が禿山《はげ》だったからだと考えられている。1万2000年前ごろまでに、朝鮮半島南部に住んでいた人々は、エネルギー源としての、山の木々を伐採し尽くしてしまったといわれている。

　そして、この鬼界カルデラの大噴火を境に朝鮮半島での人間の痕跡が見つかるようになる。さらに、日本式の土器も発掘されている。九州の縄文人は、朝鮮半島南部の海岸線に漂着し、そこに移住したと思われる。しかし、朝鮮半島の内部は、前述した通り、日本ほど植生は豊かでなかった。そのため、海岸線で海の幸を取りながらの生活だったと想像される。

　対馬暖流の流れる日本海には、火山灰の影響のない大型の回遊魚も多くいたはずだ。そうであれば安全な食にもありつける。九州の縄文人が朝鮮半島の南部に住み着いたのだ。

朝鮮半島へ移動する縄文人

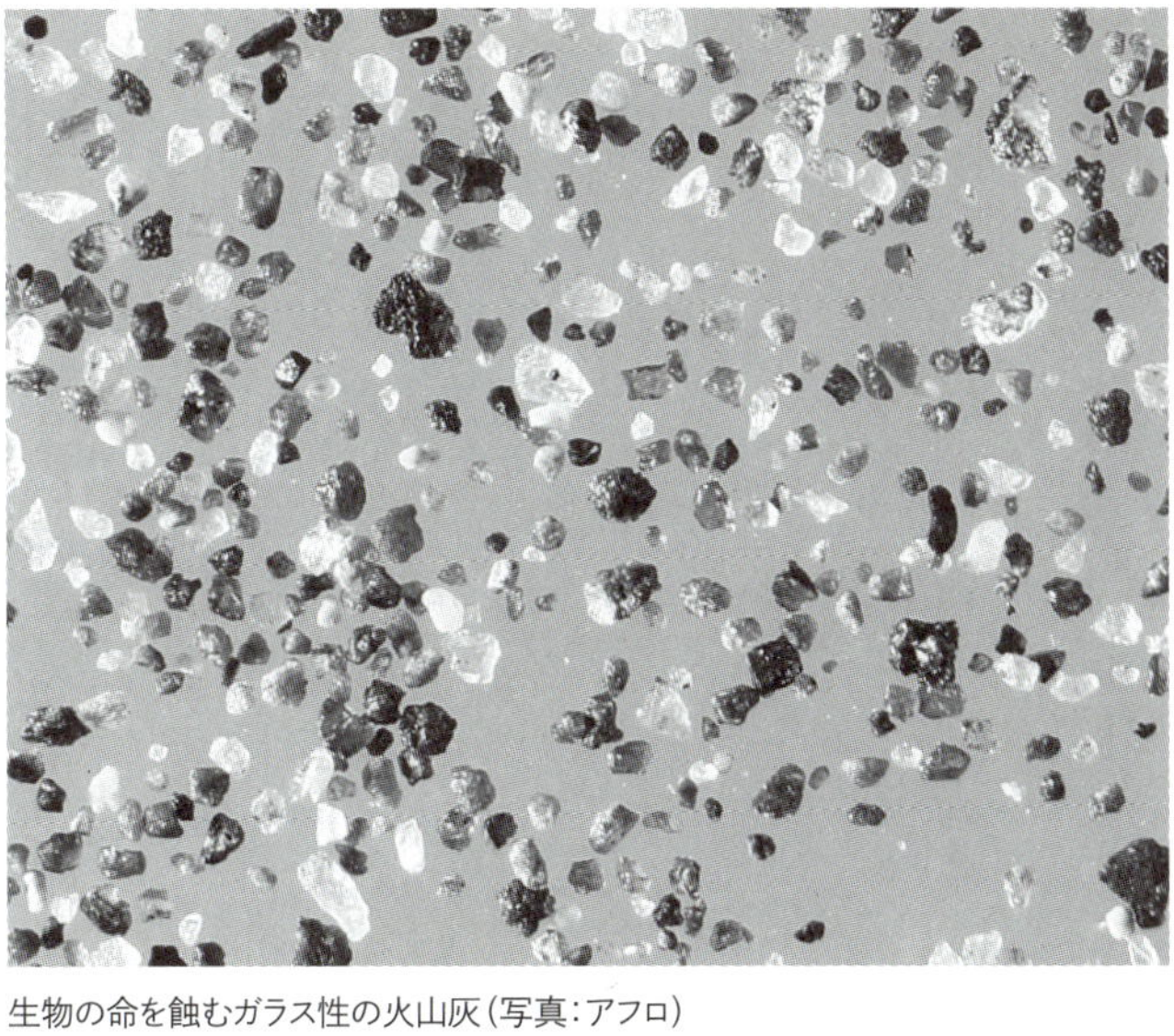

生物の命を蝕むガラス性の火山灰（写真：アフロ）

ウラジオストクで見つかる隠岐の黒曜石

日本海を横断して交易していた縄文人

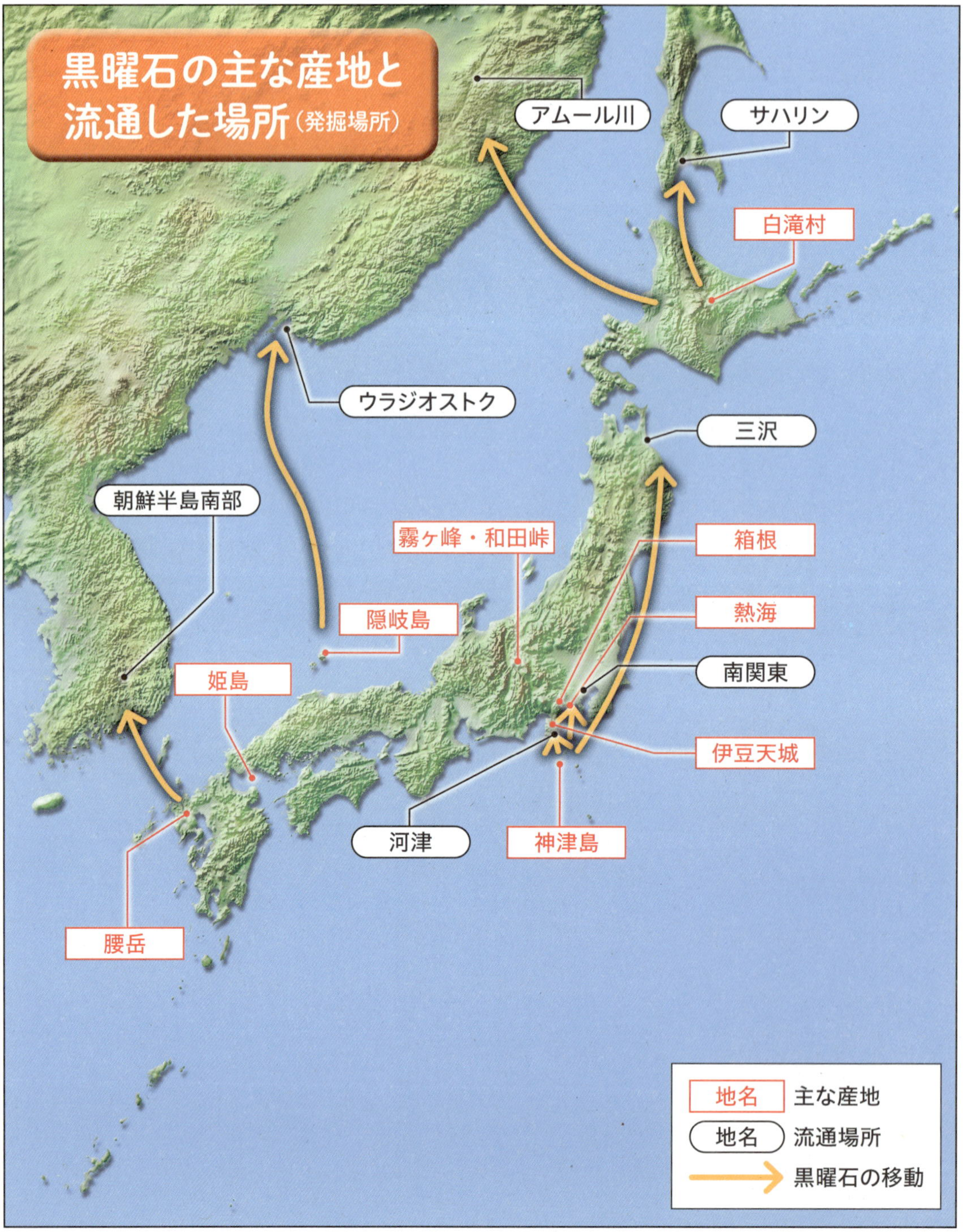

千葉県市川市の雷下遺跡から見つかった約7500年前の丸木舟（写真：公益財団法人千葉県教育振興財団承諾）

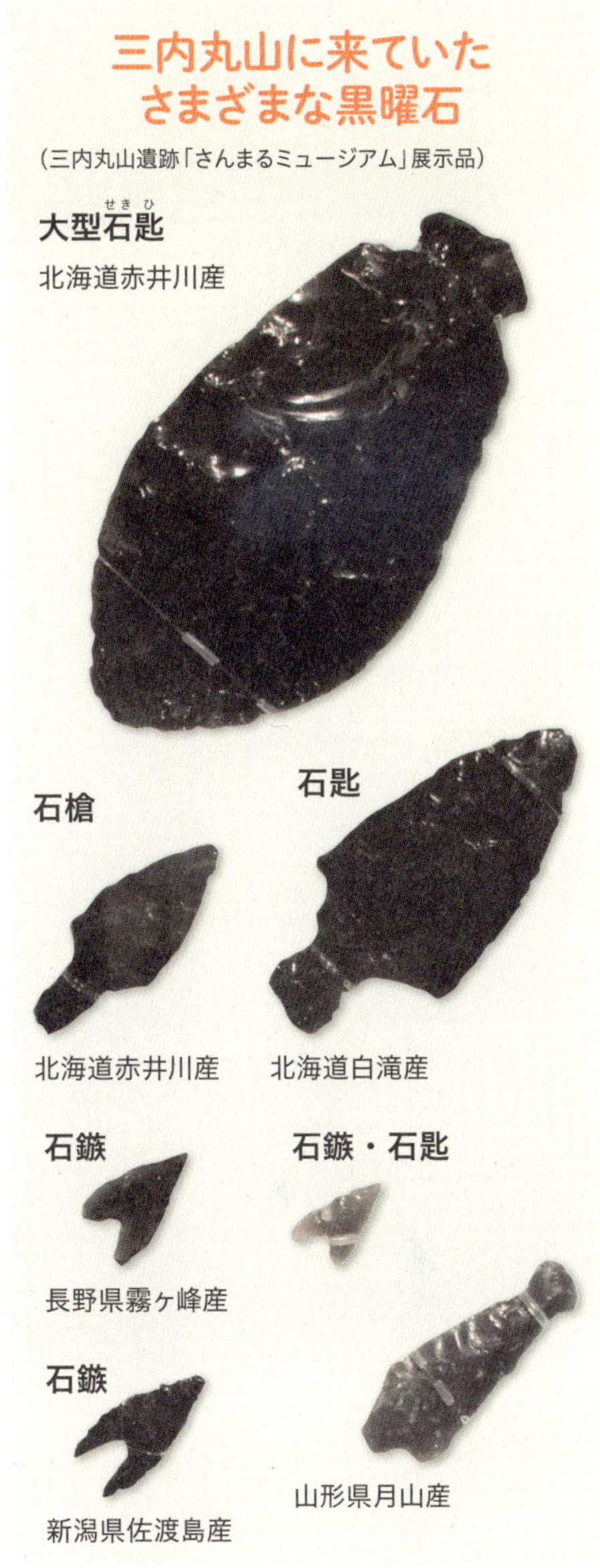

黒曜石。三内丸山遺跡「さんまるミュージアム」で撮影（写真：金子靖）

人類は日本にどのようにやってきたのだろうか？　以前は、寒冷期に水面が下がって、現れた陸地を渡ってきたといわれていた。しかし、水面が下がったとはいえ、海がなくなったわけではない。やはりどこかで、海を渡らなければならない。

　だが、古代の人間が海を渡ることは可能だったのか？　これに挑戦したのが、人類学者の海部《かいふ》陽介氏である。２０１９年７月、手漕ぎの丸木舟を使って台湾から与那国まで航行することに成功している。

３万８０００年前も丸木舟で日本へ到着

　海部氏は、人類が日本に到着したのは３万８０００年前と想定して、木をくりぬいて丸木舟を作ったが、当時の舟は、まだ発掘されていない。発掘されている日本最古の舟は、千葉県市川市国分の雷下《かみなりした》遺跡から、見つかった約７５００年前（縄文時代早期）の丸木舟である。

　縄文時代に、海での交易があったことは間違いない。これは多くの学

佐賀県腰岳産の黒曜石は朝鮮半島南部で発見

者も認めている。その証拠が黒曜石である。黒曜石は、マグマが地表に噴出する時、急冷してできる黒色の火山ガラスである。

打撃を与えると貝殻状に割れ、その先端はとても鋭利で、刃物として用いることができる。古代の人々は、この黒曜石を使って、石鏃や石槍の穂先、石刃《せきじん》などのさまざまな石器を作りだした。

日本で発見されている黒曜石は、栃木県北部、高原山の黒曜石原産地遺跡より発掘された約3万5000年前のものである。

この黒曜石の日本の産地は、70か所以上あるが、石器などに使用できる良質の産地は数が限られる。

縄文時代の代表的産地としては、北海道白滝村、長野県霧ヶ峰周辺や和田峠、静岡県伊豆天城、熱海市上多賀、神奈川県箱根、伊豆諸島の神津島、島根県の隠岐島、大分県の姫島などが知られている。

縄文時代中・後期のヒスイの玉の分布

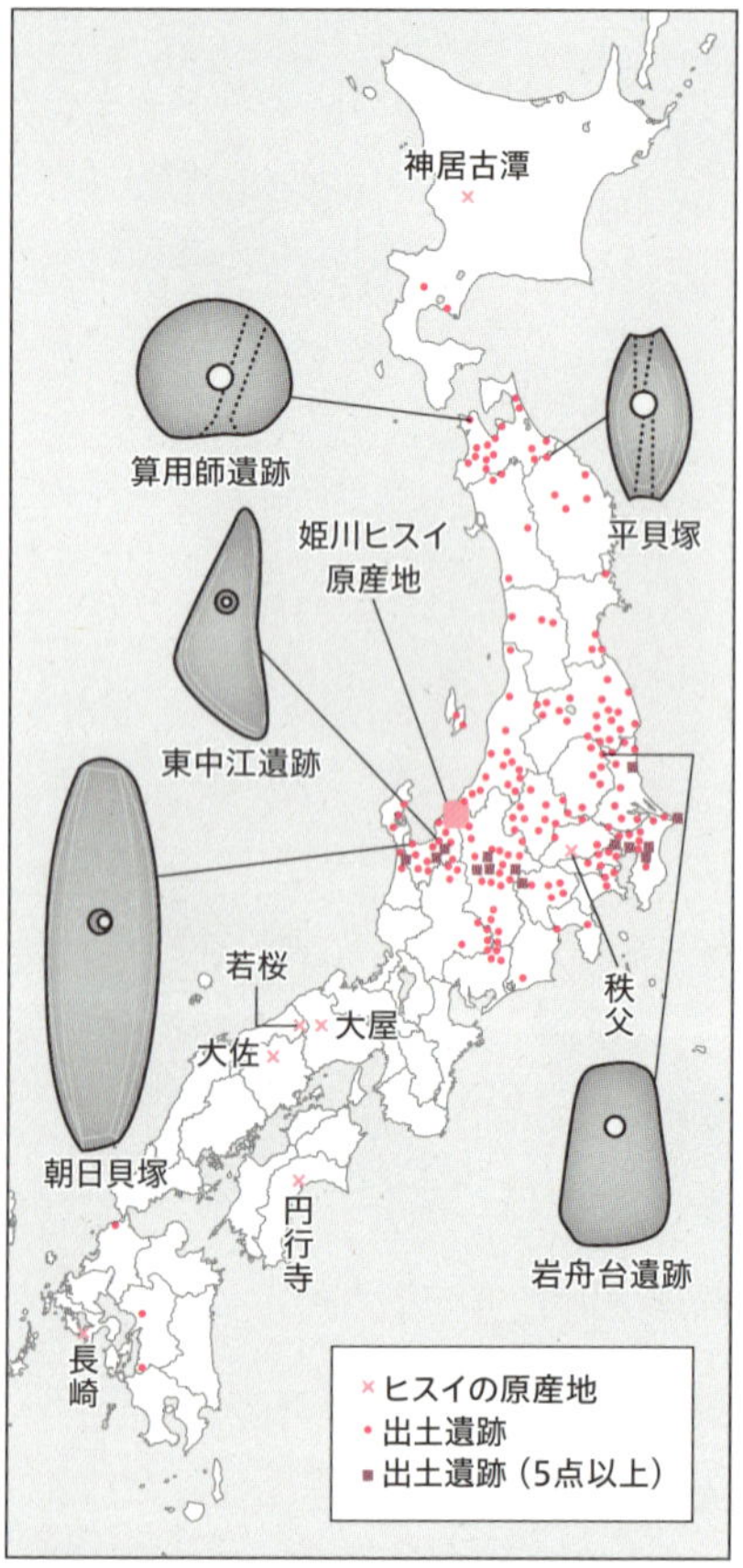

（『ひすい—地中からのメッセージ』1987より）

ウラジオストクで見つかる隠岐の黒曜石

産地が限定された黒曜石だが、日本だけでなく、海外でも日本産のものが見つかっている。隠岐の黒曜石は、日本海を渡りウラジオストクで用いられていたことがわかっているし、北海道白滝や置戸《おけと》の黒曜石は、サハリンやアムール川流域の遺跡で出土している。海を渡っていたのだ。

さらに、日本海側だけでなく、伊豆諸島神津島の黒曜石は、約2万7000年前には本州に運ばれ、南関東で使用されたことがわかっている。そして、伊豆諸島の神津島産の原石が、静岡県賀茂郡河津町の段間《だんま》遺跡で確認されている。河津と神津島とは、直線距離で約60㎞。しかし、河津から同じ伊豆諸島の利島《としま》までは約33㎞であり、この距離であれば、一日で移動するのも十分に可能だ。

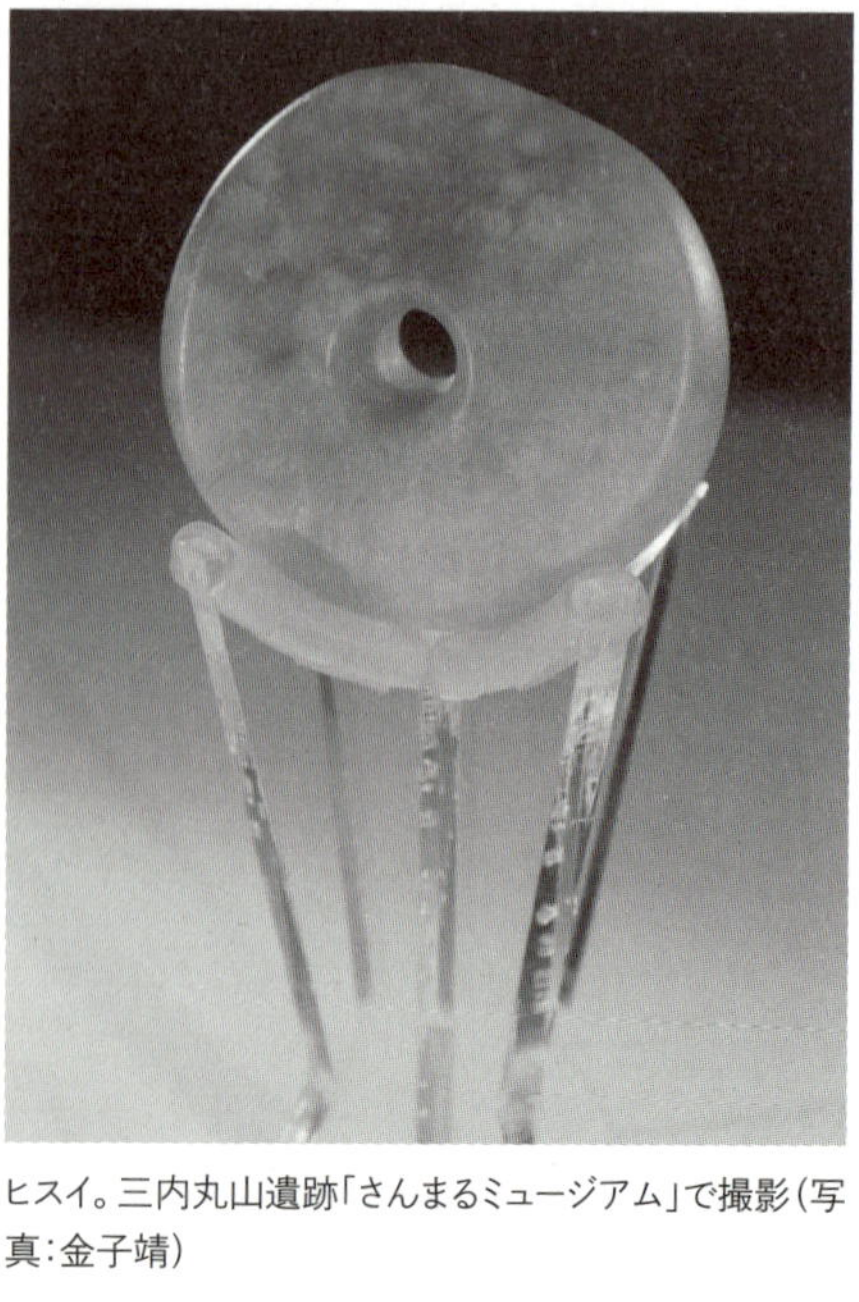

ヒスイ。三内丸山遺跡「さんまるミュージアム」で撮影（写真：金子靖）

　さらに縄文時代早期には、青森県三沢の小川原湖周辺でも出土している。佐賀県腰岳産のものはというと、朝鮮半島南部で発見されており、黒曜石は国際交易品であったのだ。

　このように黒曜石は、性能と使い勝手の良さから、旧石器時代から縄文時代、さらには弥生時代まで、なくてはならない石器材料として日本列島を中心に幅広く流通していた。

　他にも、国際交易品とまでは言えないが、ヒスイも日本全国で流通している。新潟県姫川流域（糸魚川周辺）で産出される硬質のヒスイは、北は北海道の礼文島から南は沖縄まで運ばれている。ヒスイは縄文人の祭祀品や装飾品として貴重だった。

　冒頭に書いたように、海部氏は後期旧石器時代を想定して、丸木舟を作り、台湾から与那国まで航行することに成功している。縄文時代に入ってからは、より進化した丸木舟が開発されただろう。安定性を高めるために丸木舟を双胴船のように横に並べ木で固定したかもしれないし、南太平洋地域のアウトリガーカヌーのように、舟の片脇、または両脇に、浮子を装着して安定性を増して航海を行っていた可能性もある。

　どちらにしろ、縄文時代に、日本列島を中心にして、伊豆諸島から日本海を越えてアムール川流域まで、広大な交易が行われていたのは間違いない。三内丸山遺跡には川沿いから遺跡の中心まで大きな道が作られていたことがわかっている。大陸から来た人を迎え入れるための歓迎のロードだったのだろう。

糸魚川産のヒスイが北海道から沖縄まで流通

三内丸山遺跡にある川に続く道（写真：金子靖）

大湯環状列石にみる太陽信仰

単なる祖先崇拝だけではないさまざまな遺構

大湯遺跡の野中堂環状列石の近景

復元された掘立柱建物と万座環状列石

祈りの場・墓地！である環状列石をもつ大湯集落（2つある環状列石）

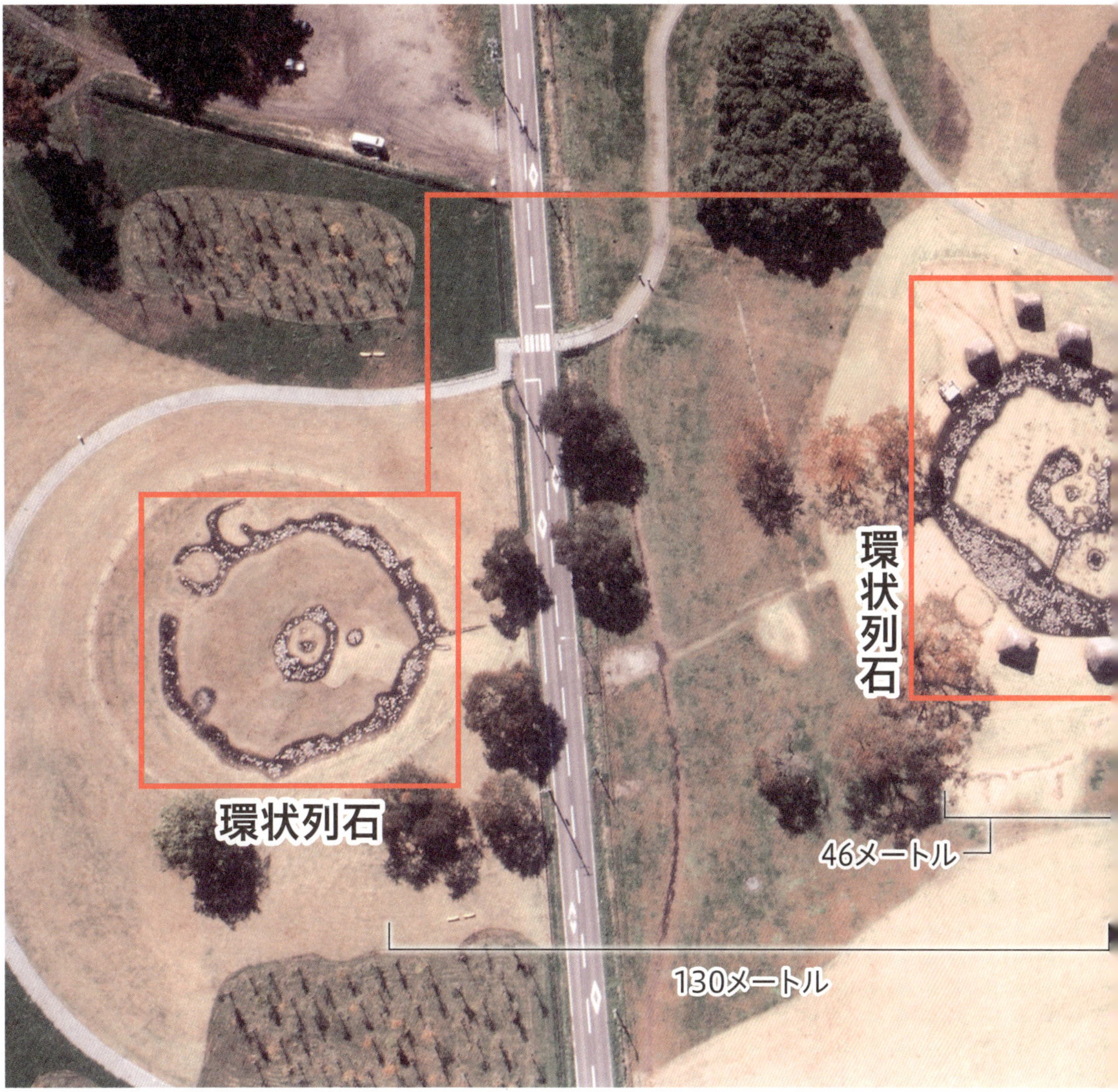

秋田県鹿角《かづの》市にある縄文時代後期（約4000年前）の集落で、その中心には万座（右）と野中堂（左）の環状列石がある。環状列石の周りには掘立柱建物や貯蔵穴などがあり、さらに外側にはステ場・送り場が見つかっている。

日本人は石に霊が宿ると考えていた

日本人は自然界のあらゆるものに霊性を感じ、神として祀ってきた。その中でも特に石には霊が宿ると考えていたようだ。そのため、墓・墓地の標識、または崇拝の対象として石を崇め、これを尊んだ。

縄文時代後期に入ると、東日本の村々では、祖霊・先祖の墓を中心に円形に石を並べ、環状列石と呼ばれる葬祭用の空間を作った。同じ祖霊を祀ることは、氏族及び氏族連合の共同体としての結束を強化することにもなり、彼らにとってのこの空間は聖地であった。

環状列石とは、石を環状に並べた遺構で、ストーンサークルとも呼ばれている。ストーンサークルとしては、イギリスのストーンヘンジなどが知られているが、日本では秋田県鹿角市にある大湯環状列石が世界遺産に登録されている。

現在、大湯の環状列石については、イギリスのストーンヘンジとは性格

太陽信仰の性格はないとする根強い考え方

三内丸山遺跡の六本柱の櫓と建物

が違うのではないかという意見も根強くある。ストーンヘンジは太陽信仰のモニュメントだが、そのような性格は、この環状列石にはないというのだ。

太陽信仰に関連するモニュメントだけでなく、天体観測のためのもの、春分や秋分の祭祀を行う場所でもあるといった性格が付帯するとは考えにくいという。

理由は、縄文時代の人々は農業を生活の中心としておらず、正確な暦を持つ必要性がないからというもの。さらに、環状列石を太陽信仰に関連付ける根拠は今のところ存在しないからと言われている。

大湯環状列石にある日時計状組石

しかし、大湯環状列石には日時計状の組石がある。なおかつ、二つ並んだ環状列石の中心を結ぶ線上に、この組石は存在する。なおかつ、その線を延ばしていくと、夏至の日没方向と一致する。

さらに、大湯環状列石と同じ、北海道・北東北の縄文遺跡群として世界遺産に登録されている三内丸山遺跡にも、太陽信仰を感じさせる建築物がある。大型竪穴住居の横に立つ巨大な六本柱の櫓《やぐら》だ。この櫓は物見櫓として再建されたが、もともとの姿は、違う可能性もある。

青森県埋蔵文化財調査センターの研究者である大田原潤氏は、六本柱は太陽の運行と大いに関係あるという学説を発表している。

三本柱を延長すると、西は冬至の日没を指し、四本柱の対角線を延長すると、西は夏至の日没を示し、さらに六本柱の対角線を延長すると、西は春分・秋分の日没を示すという（大田原

五本柱建物跡

万座環状列石の周りにある五本柱建物跡

三内丸山の六本柱にも太陽運行との関係がある!?

「北海道・北東北の縄文遺跡群」

潤、2005）。

これに対して、茂木誠氏は、『ジオ・ヒストリア』の著書の中で、「もしかしたら、これもウッドサークルの一種であり、むき出しの円柱が6本立っているだけだったのかもしれません。太陽観測の施設としては、その方がふさわしい気がします。三内丸山よりはるかに古いイギリスの巨石記念物ストーンヘンジも、はじめは木の柱が立つ神殿でした」と書いている。

きっと、環状列石は、当初、祖霊をまつる祭礼の場だったのだろう。それが太陽信仰と結びついていったと考えても不思議ではない。弥生時代ほど太陽がもたらす恵みに敏感でなかったとしても、三内丸山ではクリの栽培をしている。さらに狩猟採集に当たっても、季節によって捕獲したり収穫したりできるものは違うから、やはり暦は必要であっただろう。

縄文人も太陽によって、自然の恵みがもたらされることは知っていただろう。

環状配石遺構

万座環状列石の周りにある配石遺構

Column 1

ザッツ・縄文時代
日本人の根底に流れる縄文人の血

三内丸山遺跡の六本柱櫓（写真：金子靖）

日本で一時期あった縄文ブーム

日本で、一時期に縄文ブームがあった。三内丸山遺跡が発掘されて、いままでの縄文時代への認識が大きく変わったからだ。

それまでは、旧石器時代と同じイメージで縄文時代は語られていた。しかし、巨大な集落をつくって定住し、海を隔てた地域とも交流し、栽培もしていた。小さな集団の狩猟採集の時代ではなかったのだ。

さらに、戦争のなかった平和な時代ということで、より注目を浴びるようになった。自虐史観の桎梏《しっこく》に囚われていた人は、「もともとの日本人は平和な人々だったのだ。日本人の源流である縄文人を見てみろ！」と胸をなでおろした。

現在、弥生時代以降、多くの民族が日本に入ってきたことで、縄文人の形質が今の日本人にそのまま残ってはいない。そもそも、縄文人といっても、各地でその人々の形質や文化は違っていた。

ホモ・サピエンスの始まりがアフリカであることは定説になっているが、その

竪穴住居の屋根は茅葺きではなかった

後の移動の過程でさまざまな形質の異なる人々に分かれていった。そして、日本へはシベリア方面から来た人類と、朝鮮半島から来た人類と、中国の福建省あたりから来た人類では、話す言葉も、食べ物も違っていたであろう。

温暖化で始まった縄文時代

一概に縄文人と言っても、画一的には語れない。しかし、やはり縄文人の血は日本人に色濃く残っている。そこで、縄文と言えば世界遺産に登録されている三内丸山遺跡をおいては語れないので、ここでは、第一章のまとめとして、縄文の特性を三内丸山遺跡から考えてみたい。

まず、すでに触れているように戦争はなかった。刺し傷があったりした骨は出ているが、集団で殺し合った形跡はない。

さらに、定住が始まったのが縄文時代。移住生活をしていたのは旧石器時代までで、縄文時代はかなり長い期間、同じ場所に居を構えている。これができるようになったのは、地球が温暖化し、山には木の実がなり動物たちが増え、川や海からは多くの魚が獲れるようになったからだ。

移動しなくても、食が十分手に入るようになった。温暖化のおかげである。

世界最古の漆製品は日本

そして、かなり遠くの地とも交易していた（商売をしていたかどうかわからないが、物々交換ぐらいはしていたであろう）。

他には、竪穴住居も特徴的である。これは、多くの日本人がいまだに勘違いしているが、屋根は茅葺《かやぶ》きではなかった。土屋根である。だから、保温性が高く夏は

発掘された赤い漆塗りの壺（写真：金子靖）

津波を避けて建てられていた縄文時代の住居

涼しくて冬は暖かい。実用性が高く平安時代以降も、竪穴住居は存在していた。

縄文人は自然の鉱物や木々などを加工してさまざまな道具や装飾品も作ったり飾ったりした。世界最古の漆製品は日本で見つかっている。

天然のアスファルトを使って接着剤にしたり、防水用に使ったりしていた。黒曜石については、すでに触れた。縄文土器については、一般に多く語られているので、ここではいいだろう。

装飾品としては、他のページでも触れているヒスイやコハクが使われている。祭祀については、前項で触れているので、ここでは触れない。

障害者を支えるシステムがあった縄文社会

そして、驚くべきことは、身体障害者をみんなで養っていたことだ。働けなくなった若いポリオの女性の人骨が発見されている。ポリオになってすぐに亡くなったのではなく、かなりの年月生きていたことがわかっている。

みんなで支え合っていたのだ。

最後に触れておかなければならないのは、縄文人たちが自然災害について、かなりわかっていたということだ。東日本大震災の時に、多くの方が津波に襲われて亡くなっている。住んでいた地域に巨大な波が襲って来た。

ところが、その津波が来ても、ほとんどの縄文遺跡は残っていたのだ。縄文人は、普段生活するところは津波が来ないところにいて、貝をとったり加工したり、漁をするときだけ、海の側にいた。作業や漁が終われば、高台の家に帰っていったのだ。

縄文時代は、けっして、立ち遅れた時代ではなく、さまざまな知恵と工夫がさされた世界だったのだ。その知恵を私たち日本人は幾分なりとも引き継いでいるのだろう。

縄文時代の竪穴住居(復元、写真:金子靖)

第二章

弥生時代

吉野ケ里遺跡にみる環濠集落（写真：アフロ）

気候変動が与える時代の変化

弥生時代の始まりは寒冷化だった！

弥生土器（写真：アフロ）

弥生時代の吉野ケ里遺跡（写真：アフロ）

弥生時代の始まりは500年遡った

弥生時代の始まりが、従来の紀元前5世紀から前3世紀と考えられていたのが、紀元前10世紀後半であるとされたのは、21世紀に入って間もない2003年である。国立歴史民俗博物館によるAMS－炭素14年代測定法で調べた結果、いままで考えられた弥生時代の始まりが、500年も早くなった。

炭素14年代測定法とは、土器に付着した炭化物、例えば土器の外側についているススや吹きこぼれ、内側についている煮焦げの炭素14を測定して、その年代を測る方法である。

放射性炭素＝炭素14はβ線を出しながら規則的に崩壊していく。炭素14は5730年で濃度が半減するので、対象とする試料（炭化物）の炭素14の濃度がわかれば、炭素14を取り込まなくなってから何年たっているのかがわかる。

しかし、いままでの方法では、かなりの炭素量が必要であった。いわ

弥生時代の始まった紀元前10世紀は寒冷化

ゆるベータ法と呼ばれるが、微量な炭化物では測れないため、無視されてきた試料が多くあった。

だが、それもAMS法（加速器質量分析法）という画期的な技術によって、試料中の炭素14の数を直接測ることができるようになった。そのため炭素ベースで1mgという少ない試料でも、十数分の短い時間で測定することができるようになったのだ。いままで、無視されてきた土器に付着した炭化物でも測定できる。

この技術を用いて、灌漑水田稲作が行われたと考えられる遺跡からの発掘物を調べたところ、紀元前10世紀後半には稲作が始まっていたことが明らかになった。

この研究成果が発表された時には、懐疑的な多くの批判もあったが、あれから20年経って、やっと多くの研究者の常識となった。

現在、水田稲作が始まるにあたって、気候や環境が何らかの影響を与えていることを否定する研究者はいない。

ただし、紀元前10世紀後半の気候や環境がどのようなものであったかを確実に知る方法が、いままではなかった。

そもそも20年前までは、弥生時代の開始が紀元前5世紀から前3世紀と考えられていたのだから、弥生時代の始まりの気候を研究しても正しい答えが導き出されるわけがない。

弥生時代の始まりが、紀元前10世紀後半と特定されることによって、やっと気候変動研究のスタートが切れることになった。

紀元前10世紀の気候はどうだったのだろうか。現在、その研究も進んでいる。弥生時代の始まりが確定してから20年、やっと成果が出てきた。

土器の炭からも測定可能（写真：アフロ）

AMS法（加速器質量分析法）の機器（写真：アフロ）

古代の気候を知る3つの方法

古代の気候を測る方法はいくつかあるが、ここでは3つ紹介しよう。ひとつは、泥炭堆積物に含まれるハイマツ花粉の量を分析する方法。これはハイマツが寒冷な気候を好むことから、その時代の気温がわかる。

2つ目は、アルケノン分子組成に基づく夏の水温を知る方法。アルケノンは円石藻という植物プランクトンに含まれる有機分子で、この分子組成内容で、円石藻が存在していた時の水温がわかる。

そして、3つ目は夏の降水量がわかる酸素同位体比年輪年代法がある。ただし、この年輪年代法は、過去6000年前までしか正確なデータがないため、弥生時代の始まりの気候を知るには不十分である。しかし、他のデータと併用することで、推測は可能になる。

紀元前9世紀は少し温暖化して人口も農地も増えている

これらのデータを使って、国立歴史民俗博物館の教授である藤尾慎一郎氏のグループは弥生時代が始まった紀元前10世紀ごろの気候を分析した。結果、かなり寒冷化が進んだ時代だったということがわかったのだ。その後、紀元前9世紀になると一時期暖かくなり、さらに紀元前8世紀になると寒くなったこともわかった。

この成果を、灌漑水田稲作の広がりと比べると、かなり面白いことがわかってきた。寒くなると稲作が始まり、少し暖かくなると稲作が広がるのだ。藤尾氏はこれらの研究成果を踏まえて、以下のように著書に書いている（2023）。

「水田耕作民は雨が多く気温が低い不安定な時期になると、新たな土地を求めて移動する一方、適度な雨と温度が高い安定した時期には生産力も上がり人口も増えて農耕社会が定着・成熟していくことを意味しているのかもしれない。

これまで気候変動といえば寒冷化ばかりが重視されてきたが、寒冷化と温暖化とでは、水田稲作民に与える影響がさまざまであり、今後は異なる場合もあることを前提として考えていく必要があるだろう」

温暖化が叫ばれている現在、新たな知見が生まれることを期待したい。

弥生時代は過渡期！

コメが主食ではなかった弥生時代！

古米（写真：アフロ）

弥生時代後期の遺跡、登呂遺跡（写真：アフロ）

登呂遺跡で復元された水田（写真：アフロ）

弥生人は コメを食べていなかった？

『コメを食べていなかった？　弥生人』（谷畑美帆著、同成社）という本がある。このタイトルを見て、「えっ」と思う人は多いはずだ。日本史を勉強したことのある人なら、「弥生時代って灌漑《かんがい》水田稲作時代をいうんじゃないの？」と弥生時代の根本的な定義を否定されて困惑してしまうだろう。

弥生時代の三大要素は、弥生土器、水田稲作、鉄、と言われる。そのうち鉄については、弥生時代の初期には使われていない。

弥生時代は紀元前10〜9世紀ごろに始まり、紀元3世紀ごろまでを指す。鉄が普及するのは紀元前4世紀末ごろから。だから、弥生時代の最初の5〜600年は石器時代だった。

水田稲作については、縄文時代の終わりにはすでに行われていたという発掘もあり、水田稲作の始まりでさえ、弥生時代ではないとも言われる。

いままで考えられていた水田稲作の伝播ルートと稲作の歩み

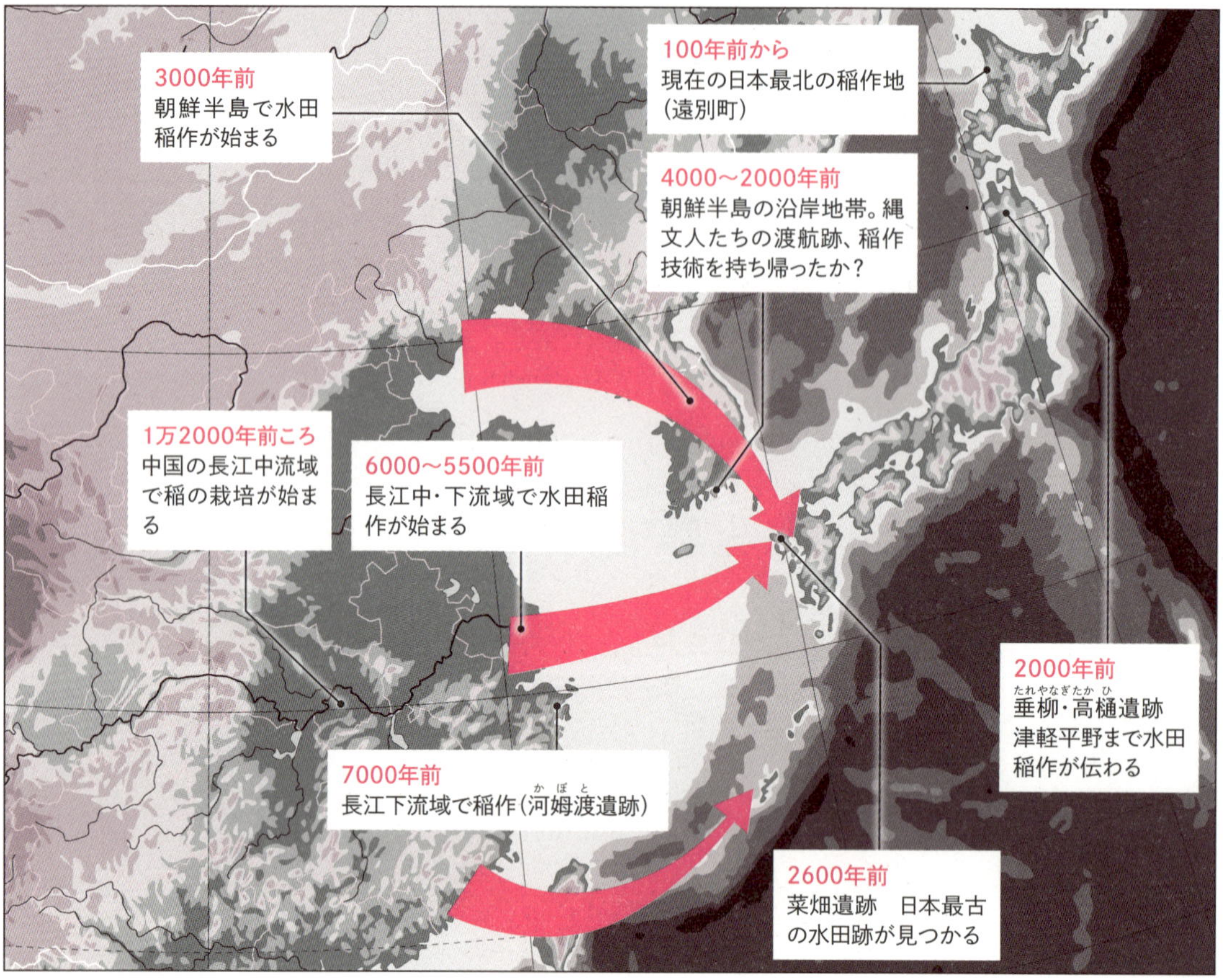

3000年前
朝鮮半島で水田稲作が始まる
100年前から
現在の日本最北の稲作地（遠別町）
4000〜2000年前
朝鮮半島の沿岸地帯。縄文人たちの渡航跡、稲作技術を持ち帰ったか？
1万2000年前ころ
中国の長江中流域で稲の栽培が始まる
6000〜5500年前
長江中・下流域で水田稲作が始まる
2000年前
垂柳《たれやなぎ》・高樋《たかひ》遺跡
津軽平野まで水田稲作が伝わる
7000年前
長江下流域で稲作（河姆渡《かぼと》遺跡）
2600年前
菜畑遺跡　日本最古の水田跡が見つかる

この地図は『日本人はるかな旅4』（NHKスペシャル「日本人」プロジェクト編、NHK出版、2001）より作成したものであるが、今後少なくとも年代観は改訂が必要である。

海に行った方が簡単に食にありつける

それ以上に、上記本のタイトルを見て『弥生時代のコメを食べていなかった?』って、どういうことよ」と言いたくなる。

タイトルに偽りありではないが、『コメを食べていなかった?』に「?」がついているように、「食べていなかった」のではなく、「コメは主食ではなかった」あるいは、「主食にしていなかった人も多かった」ということである。

弥生時代に本格的に灌漑水田稲作が始まったのは、間違いない。しかし、始まったのはそうであるが、灌漑水田稲作が完成するのは古墳時代に入ってからである。弥生時代の灌漑水田稲作は完成するまでの過渡期であったといえる。

弥生時代中期の蛸壺（写真：アフロ）

稲作は大変な重労働

なぜ、そういえるのか。

弥生時代に弥生土器だけが使われたわけではない

コメを作るのは非常に大変だからである。水田稲作をするには土地の開拓や灌漑設備の構築、田植えや稲刈りと非常に人力を使う。さらに、気候によって収穫が左右される。台風が来れば、稲は倒れてしまう。逆に日照りが続けば、水が干上がってしまう。かなり大変な作業なのだ。

　弥生時代の人々は、そんな稲作をするより、海に漁に行った方が手っ取り早く食料が手に入ったし、山に入れば必要な木の実も手に入れることができた。だから、生きていく効率を考えて、稲作に手を出さなかった人々も多くいたのだ。

　そして、これには地域差もあった。特に東日本はそうであった。『コメを食べていなかった？』の著者である谷畑氏は、本の中で考古学者の設楽博巳氏を引用し、以下のように書いている。

「（設楽氏は）縄文系弥生文化の存在を示し、①農耕文化そのものを受け入れない地域、②農耕文化と環濠集落の両方を受け入れた地域、③農耕文化は受け入れても、環濠集落は受け入れない地域、の三つの集団があったと考えている。

　すなわち、大陸系磨製石器群、木製農耕具、環濠集落といった技術体系が韓半島から導入されているが、これらの技術体系は縄文晩期以来の既存の社会システムを完全に破壊したわけではない」

　ちなみに、弥生土器も、一般的に「縄文土器と比べると形・装飾が簡素で、高温で焼かれて明るく硬い」と言われるが、弥生時代に入っても、縄文土器を使っていた地方も多くあり、線引きとしては必ずしもはっきりしたものではない。

　結局、弥生時代は縄文時代から古墳時代への過渡期であると考えた方が自然だろう。

世界最古の稲作が始まったとされる長江中流域（写真：アフロ）

農耕が始まると戦争が起こる？

豊かな日本を求めて来た渡来人が戦争を持ち込んだ！

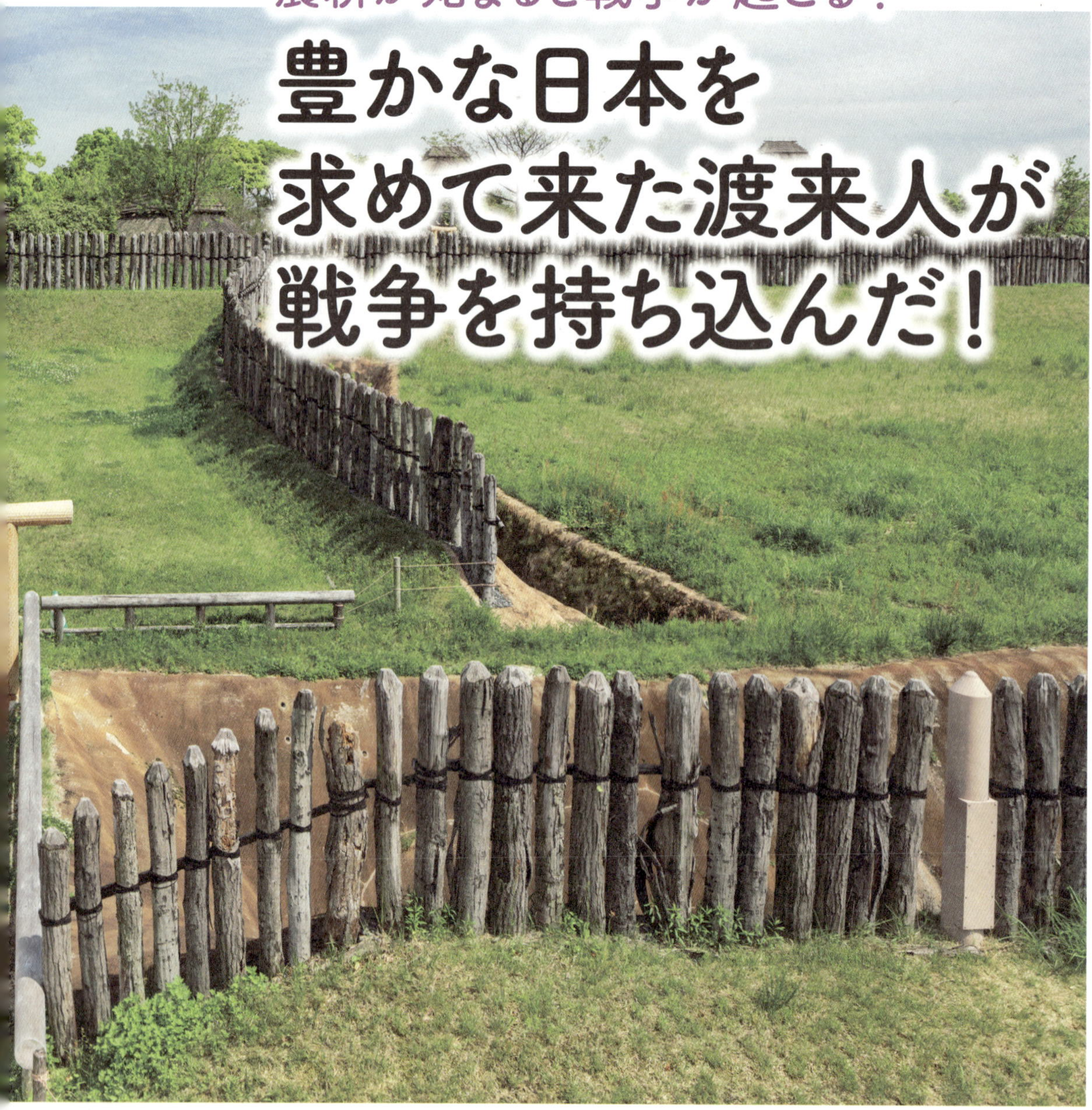

弥生時代の青銅製の剣（写真：アフロ）

吉野ケ里遺跡にみる環濠集落（写真：アフロ）

平和だった縄文時代

縄文時代が戦争のなかった時代であることは知られている。何らかの武器で傷ついた人骨が発掘されることはあるが、あくまで個人的なケンカのレベルであり、鏃《やじり》や矢が突き刺さった人骨が多く発見されることはない。

弥生時代に入ると、戦いで傷ついたと思われる人骨が同じ場所で多く発見されるようになる。集団同士で戦ったあとだろうと推測されている。

では、なぜ弥生時代に入ると戦争が起こったのだろうか？　通説としては、以下のように言われる。

「農耕社会は狩猟社会よりも多くの人口を抱えることができるため、人の数は増える。しかし、そのために食料を生産するための土地がより必要になり、コメづくりにより有利な土地や水をめぐって争いが起きる」

というものだ。この説は、一見、正しいように思えるが不十分である。これでは、縄文時代に戦争が起きな

「農耕文化が戦争を引き起こす」は短絡的

かった理由がはっきりしない。青森県の縄文遺跡である三内丸山では、コメではないが、クリを栽培していたことはわかっている。農耕をしていた。しかし、戦争は起きていない。

縄文遺跡に残るクリ（御所野遺跡、撮影：金子靖）

狩猟時代であっても、定住している以上、食料を得るための土地の範囲は決まっていただろう。そうなれば、人が増えれば、食料をめぐって争いが起きる。

食料をめぐって争いが起きないのは、豊富に食料があったからだ。

弥生時代は縄文時代に比べて貧困になったのだ。

さらに、集団同士で揉め事が起きても、話し合いができれば、そこに戦いは起こらない。戦いが起きるという

吉野ケ里遺跡の甕棺墓（写真：アフロ）

弥生時代の接近戦の武器は中国や朝鮮由来

ことは集団同士の意思疎通ができなくなったからだ。縄文時代は、そのような争いが起きても、その揉め事を収めるようなコミュニケーションが取れる状態であったといえる。

異文化同士の争いが戦争を引き起こす

では、なぜ、弥生時代にコミュニケーションが取れなくなったのだろうか。それは、生活習慣も、思考も違う異人種が、入ってきたからだろう。

縄文時代は豊かだった。豊かな森や海があり、さまざまな実りを人々に与えていた。その豊かな日本列島を求めて、多くの渡来人が弥生時代にやってきた。さまざまな文化をもった渡来人が日本にやってきたのだ。

そこに争いが起きた。そして、生活習慣も思考も違う者同士のために、平和に事を解決する手段（コミュニケーション）がなかった。そのように考えるのが自然だろう。

実際、北部九州では、甕《かめ》棺墓《かんぼ》から出た人骨に、明らかに集団同士の戦いがあったと推測できる数々の傷が残っている例がある。筑紫野市隈・西小田遺跡からは、首だけの人骨や、骨に銅剣や石剣が刺さっている骨や切り傷のあとが残った骨が見つかっている。筑紫野市隈・西小田遺跡は、弥生時代中期の遺跡である。

成人用の甕棺墓は、渡来系弥生人が持ち込んだものと言われている。明らかに渡来人が誰かと戦って埋葬された例である。相手は誰かわからない。

もともと日本列島にいた人々の可能性もある。甕棺墓は甕に入れて埋葬したため骨が残るが、土葬であれば、酸性の土壌に骨が溶けて残らない。

さらに、弥生時代の中期から後期にかけて行われた戦闘で使われた兵器のうち、接近戦での武器は、すべてが中国や朝鮮半島から輸入されたものか、それを模倣したものだった。渡来人が戦争を持ち込んだことは、間違いないだろう。

弥生時代の戦いは秩序立った戦いだった

弥生時代に集団の間で戦いがあったとはいえ、それほど大きなものではなく、秩序立った戦いだった可能性が高い。その理由として、女性や子どもの戦争での死者が少ないことが挙げられる。中国の秦と趙との長平の戦いや日本の中世の材木座の戦いでは、かなりの数の女性や子どもが戦争に巻き込まれて亡くなっている。それが弥生時代にはない。

さらに、戦争で亡くなった人たちも他の人たち同様、整然と埋葬されている。それは戦いの最中に遺体を引き上げることができるほどの余裕のある戦いだったからだ。

相手集団を殺戮《さつりく》して村を占領するようなレベルの戦いではなかったようだ。集団間で土地や水をめぐる戦いがあったとしても、最終的にはどこかで妥協し、平和的に共存したのだろう。徹底的には相手を痛めつけない、日本人の智恵だと思われる。

徐福伝説に見る真実

秦や漢の人々にとってユートピアだった日本

三重県熊野市にある波田須の徐福の宮（写真：アフロ）

全国各地に残る徐福伝説

司馬遷が著した『史記』に登場す

和歌山県新宮市にある徐福公園の徐福像（写真：アフロ）

る中国の薬師・徐福。不老不死の霊薬を探すと始皇帝に宣言し日本に降り立ったとされ、全国各地でその伝承が残っている。

徐福が上陸したとされる場所だけでも日本に何か所もあり、稲作と医薬を伝えた伝説の人として神格視されている。

特に熊野周辺には多くの伝説が残り、三重県熊野市波田須《はたす》町には徐福の宮があり、和歌山県新宮市には徐福公園が作られている。他にも、鹿児島県いちき串木野市、福島県八女市、広島県廿日市市、京都府伊根町、長野県佐久市、愛知県名古屋市、東京都八丈町、青森県中泊町など、日本全国の南から北まで徐福伝説は残っている。

一方、中国では実在の人物として認識されており、江蘇省には徐福が住んでいたといわれる徐阜村という村も存在する。そこには徐福の子孫と名乗る人もおり、徐福がそこにいた可能性は非常に高いと思われる。

また、『史記』巻六「秦始皇本紀」に登場する徐福は、始皇帝に不死の

不老不死は無理でも王になるチャンスがある日本

鹿児島県いちき串木野市にある冠岳《かんむりだけ》展望公園（写真：アフロ）

薬を献上すると持ちかけ援助を得たものの、実際には出港していなかった。そのため、改めて始皇帝が出立を命じたものの、その出立を見ずに始皇帝は崩御したと書かれている。このように、徐福を不死の薬を名目に皇帝から金品をせしめただけの人物と考えるものもいる。

実際、徐福が日本に来たのかどうか、それはわからない。ただし、はっきりしているのは、『史記』巻百十八「淮南衡山列伝」に書かれているように、徐福は秦の始皇帝に「東方の三神山に長生不老の霊薬がある」と具申し、始皇帝の命を受けたということだ。

東方の三神山とは、渤海の先にある神仙が住むとされた島で、蓬萊《ほうらい》・方丈・瀛《えい》州のことを指す。そして、『竹取物語』にも「東の海に蓬萊という山あるなり」と書かれているように、日本を蓬萊や瀛州と呼ぶようになった。

日本に行けば豊かな土地が手に入る

秦の人々にとって、日本はユートピアだったのだ。不老不死の薬がある夢の国であった。最近は、徐福の話は単なる伝説として、ほとんど見向きもされない。しかし、以前は、徐福が日本に来たかどうかは別にして、日本はユートピアであったということを、徐福伝説をもとに話されることが多かったと思う。

さらに言えば、徐福は、3000人の若い男女と技術者を従え、財宝と財産、五穀の種を持って東方に船出したものの三神山には到らず、広い平野と湿地を得て王となり、秦には戻らなかったとの記述が『史記』にはある。

これはどういうことなの

日本人は徐福も渡来人も温かく迎え入れた

か？

日本に行っても、不老不死にはなれないけれど、王になれるほどの豊かな土地が手に入るということだ。秦から漢の時代の中国大陸の人々は、そのように日本を見ていた。日本に行って損はないということを意味するのだろう。

なおかつ、日本は秦や漢の故郷に戻りたくないほどの国と『史記』は書いているのだ。

日本人は各地で徐福を祀った

一方、日本人は各地でその徐福を祀った。病を癒す神様、五穀豊穣と福を招く神様、焼き物の神様などとして敬われている。

それは、『史記』に、徐福が中国を出るときに、稲など五穀の種子と金銀・農耕器具・技術も持って出たと書かれているからだが、実際、日本で徐福伝説が残る地には弥生時代の遺跡、もしくは水田跡が発見されている。稲作文化は縄文時代晩期から弥生時代初期に大陸から伝わったとされるが、実はその伝来を担ったのが徐福のような渡来人だった。

日本人は、秦から来た渡来人を温かく迎え入れた。その象徴が徐福だったといえるだろう。弥生時代が多民族国家だったことを示す例でもあろう。

京都府伊根町にある徐福の新井崎《にいざき》神社（写真：アフロ）

卑弥呼は神功皇后!?

『日本書紀』に秘められた隠された歴史

神功皇后（絵：歌川国芳、写真：アフロ）

果てしなく続く卑弥呼論争

『魏志倭人伝』に登場する卑弥呼は誰か？　邪馬台国はどこにあったのか？　古代史の最大の論争といえるのが、この卑弥呼＝邪馬台国論争だろう。

卑弥呼は天照大神であるとか、邪馬台国は吉野ケ里遺跡であるとか、いやいや箸墓古墳が卑弥呼の墓であるとか、トンデモ説も含めて、いろいろな説が出ているが、どれが正しいか、いまはまったくわからない。

そもそも『魏志倭人伝』に書かれ

卑弥呼のイメージ（写真：アフロ）

神功皇后と卑弥呼の存在時期はまったく一緒

た日本の記述自体が正しいのかもわからない。『魏志倭人伝』は『三国志』の一部だが、著者の陳寿は日本に来たことがないと思われる。だから、日本については伝聞で書いているはず。細かなところは正確さに欠けてもおかしくない。

いや、正確ではないと思った方がいいだろう。だから、どこまで本当か、どこまでフィクションか、日本人が証明するのは、非常に大変だ。邪馬台国がどこにあるか記述してあるが、それを丹念に追っていっても意味がない。

ただし、卑弥呼が存在したことは確かだろう。名前が本当に卑弥呼であったかはわからないが、魏に対して邪馬台国の女王・卑弥呼が朝貢していたのは事実に違いない。そうすると『魏志倭人伝』を信じれば、卑弥呼が在位していたのは188年ごろから247年まで。247年に亡くなっている。

この時、日本はどうだったのか。ヤマト政権はまだ成立していない。前方後円墳が登場するのが、300年過ぎからだから、その前である。

とはいえ、それほど離れていない。卑弥呼が生きていたとされる時代の天皇は存在しない。仲哀天皇が200年に崩御されて、そのあとを継いだ応神天皇はまだ生まれてもいず、その間を埋めたのが神功皇后だ。

神功皇后は、熊襲との戦いで矢に打たれて崩御された仲哀天皇のあとを引き継ぎ摂政となった。そのときお腹にいたのが応神天皇である。応神天皇は神功皇后が亡くなるまで天皇の座には就いていない。

これは『日本書紀』に書かれていることである。『日本書紀』に従うのであれば、卑弥呼が日本国の女王であるとしたら、それは神功皇后でしかありえない。

卑弥呼が女王になる前には、倭の国は乱れていたと『魏志倭人伝』には書かれている。仲哀天皇が熊襲との戦いで、矢で殺されるくらいだから、倭の国は乱れていたのは間違いない。そして、神功皇后は仲哀天皇の敵《かたき》をとって熊襲を破り日本を統一する。

なぜ、『日本書紀』に卑弥呼の文字はないのか

ただし、ここで疑問がわ

卑弥呼の発祥の地を主張する福岡県朝倉市（写真：アフロ）

奈良県の卑弥呼の里（写真：アフロ）

巧妙に作られた神功皇后＝卑弥呼の虚構

く。なぜ、『日本書紀』には、卑弥呼の名前も邪馬台国の名前も出てこないのか？

『魏志倭人伝』は西晋の時代に成立している。300年ごろだ。『日本書紀』ができたのは、720年。もちろん、『日本書紀』は日本の公式な歴史書なので中国の王朝の歴史も踏まえるのは当然だから、『魏志倭人伝』は読んでいるだろう。

それにもかかわらず、卑弥呼も邪馬台国も出てこない。その年代にピッタリな神功皇后が存在するにもかかわらずだ。

なぜなのか。

一説によれば、卑弥呼と邪馬台国が魏に朝貢していたのが問題だとされる。『日本書紀』は日本を独立国として描くため、中国などの国と朝貢関係にあったことは伏せたかったとされる。そのため朝貢していた卑弥呼の存在は隠したかった。しかし、中国の公式の『魏志倭人伝』にその存在が書かれているので、あたかもそのような存在がいたかのように神功皇后という人物をつくりあげ、卑弥呼であるかのように偽造したという。

それでも、そのまま卑弥呼＝神功皇后となると、神功皇后が朝貢していたことになるので、そうであるかのように見せかけながら、実は違うとも、とれるようにしたのだという。

もしそうであれば、『日本書紀』を書いたメンバーたちはかなり頭のいい策士である。

神功皇后が卑弥呼であるかないかは、結局、不明というしかない。ただし、そうであったとしても卑弥呼は存在し、日本の女王として君臨していたことは間違いないだろう。それは誰だったのか。まだまだ論争は続く。

Column 2

ザッツ・弥生時代

もっともサステナブルな社会

コメ（写真：アフロ）

小麦は塩害を生む水田は生まない

水田が、もっともサスティナブルな食糧の生産方式であることは知っているだろうか。現在は農薬漬けになってしまっていて、けっして持続可能な農業とは言えなくなってしまっているが、もともとは非常に地球にやさしい農業だったのだ。

いまでこそ、炭水化物は目の敵にされているが、人類は炭水化物をとることによって人口を増やしてきた。コメ、小麦、とうもろこし、等々。体重が増えるということは、それだけ栄養がついたということだ。

頭を使えば使うほど、甘いもの、特に炭水化物が欲しくなるのは、肉よりも炭水化物の方が脳の栄養になるからだ。人間の肉体の中で、一番エネルギーを使うのは脳である。

その炭水化物の中でも、コメは地球環境に対して非常に優秀である。コメは田んぼでとれる。この水田という仕組みがサスティナブルなのだ。

なぜか。

それは、水田が塩害を生まないからだ。一方、小麦は塩害を生む。天水（雨）を使わない限り、地下水にも川の水にも微妙な塩分が入っている。小麦は、その水を土に浸透させて育てる。しかし、それらの水は土に浸透していくときに、微妙だが塩分を残していく。1年や2年で、その弊害は出てこない。

しかし、何十年、何百年経つうちに食物が育たないほどの塩分がたまり、それは耕しても、天水をまいても取り返しがつかない。根こそぎ土壌を換えない限りできないし、それは不可能だ。

アメリカの農業も いずれ塩害に悩まされる

実際、小麦を主食とした文明は滅びてしまっている。メソポタミア文明にしろ、エジプト文明にしろ、塩害に悩まされた。

いずれ、アメリカも塩害に悩まされるだろう。現在、アメリカは大規模農業が始まって50~60年ほどだから、塩害の被害は出ていないが、今世紀後半にはニッチもサッチも行かなくなっている可能性は高い。アメリカはロッキー山脈から流れてくる豊富な地下水を使って農業を行っているからだ。

しかし、水田は違う。水田は稲ができると水を落としてしまう。土地に水を浸透させずに流してしまうのだ。そして、春になると水田に新しい水を引きいれる。だから、土地が塩害に悩まされることはない。まっとうな灌漑水田稲作はまさに持続可能な農業なのだ。

ただし、より多くの生産を得ようとして、肥料をまきすぎると、次の年には土地がやせて、生産量が減ってしまう。この点には工夫が必要だが、何年かするうちに経験が積まれ、その土地に合った生産量が見えてくる。それによって安定的に生産が続いていくようになる。

栄養面でも優れているコメ

コメはサスティナブルなだけではない。栄養面においても麦と比べて高いと言われている。植物性たんぱく質やビタミン・ミネラルが豊富になっている。さらに、コメの方が、それらの栄養分の吸収は早いと言われている。また、コメを麦に混ぜると血糖値やコレステロールが下がるという研究報告もされている。

栄養面においても優れているのだ。

このように見

水田（写真：アフロ）

日本のコメの歴史と文化を守るべき

ていくと、日本という国はかなり恵まれているといえる。日本という国ほどコメ作りに向いた国はない。雨は降って水は豊富にある。そしてその食料は栄養価が高くサスティナブルなコメ。

弥生時代にユーラシア大陸から多くの人々が海を渡って日本に来たくなるのは、当然のことだ。ヤマト政権はそのコメ作りに前方後円墳という画期的な発明をして、日本中に広めた。日本をサスティナブルな国にしたのだ。だからこそ、皇室は2600年も続いているのかもしれない。世界にこれだけ長く歴史が続いている国はない。

しかし、そのことを真に理解している日本人はどれだけいるのだろうか。コメ離れが騒がれて何十年にもなるし、そもそも、コメ離れの言葉も聞かなくなるほど普通になってしまっている。政府は減反政策を進めてきた。

水田の緑は日本の原風景

緑豊かな日本。その原風景に水田の青々とした緑があることは間違いない。そして、ヤマト王権が、そのコメ作りで日本の国を作ってきた。この歴史をもう一度、日本人は学びなおした方がいいのではないだろうか。

農地を傷めるアメリカの農業（写真：アフロ）

第三章

古墳時代

大仙陵古墳（写真：アフロ）

自然頼みから脱却した稲作

前方後円墳の築造の最大の目的は水田の溜池だった

海のすぐ近くに立つ神戸の五色塚古墳（写真：アフロ）

古墳の目的は権力の誇示だけではなかった

古墳はなぜ作られたのか？　一般的には、当時の各地に点在する王たちの権力を示すものとされている。王の墓を大きく作ることで、自らの権力を誇示しようとした。もともと墳丘という形の墓は存在していた。墓を土で盛り上げて、そこにお棺を入れ副葬品を入れる。

その墳丘たる古墳が、王の墓としてより巨大化し、自らの力を誇示するものになった。

神戸市にある五色塚古墳は瀬戸内海に面した丘陵に作られている。そのため、瀬戸内海を航海する船には、はっきりその存在が目に見える。さらに瀬戸内海にかなり近い位置にあるため、古墳の脇を通るときは、すぐ横に古墳が存在することになる。そのため、否が応でも古墳の存在を意識せざるを得ない。

古墳が、自らの力を誇示するものであることは間違いないだろう。しかし、なぜ、巨大な古墳なのか。大

大仙陵古墳（仁徳天皇陵。写真：アフロ）

仙陵古墳（仁徳天皇陵）は世界最大の大きさ（全長525ｍ）を持つ。なぜ、そこまで大きくする必要があったのか？

大仙陵古墳は世界三大陵墓といわれる。同じく三大陵墓のクフ王のピラミッドよりは高さが低く、同じく三大陵墓と言われる秦の始皇帝陵より体積は少ないが、全長でははるかに超える。

これだけの規模の大仙陵古墳を作るためには、どれだけの費用がかかったのだろうか。１９８５年に実施された大林組のプロジェクトチームの試算によれば、工期は15年8カ月、延べ作業員は６８０万７０００人だったという。

さらに、日本全国で作られた古墳の数は10万基以上、ひとつだけではないのだ。単純に考えても、全国で延べ数千万人の人々が古墳づくりに従事したことになる。当時の日本全国の人口が３５０万人程度。そうなると、幼児や子どもを除くほぼ全員が古墳づくりにいそしんだことになる。

一挙両得、権威と実用性を兼ねた前方後円墳

水田の灌漑利用であれば、人々は協力する

なぜ、そこまで人々を動員できたのか？　その画期的な仮説を立てたのが、農業土木の専門家である田久保晃氏である。彼は前方後円墳をとりあげ、それは水田の溜池であったと考えた。

田久保氏は、古墳一般ではなく、大仙陵古墳に代表される前方後円墳は、ヤマト王権が考えた王の陵墓と水田の溜池の両方の機能を持たせたものであった、という。

前方後円墳が、なぜあのような形をしているのかは、定説が確立している。円墳を作るにあたって土を上に運ぶ必要があり、その道が円墳についている縦長の方墳であるというものだ。それが発達して前方後円墳になった。

田久保氏の考えもここは変わらない。彼が目をつけたところは、前方後円墳の周りにある濠、周濠である。ここが、水田の溜池になったというのだ。古墳を作るには、当然、土が必要になる。その土を、古墳を作る場所の周りを掘って調達する。

そして、その土を運んで円墳を作るために縦長の道を作る。さらに、その道も盛りあげるために、その周りの土を掘り調達する。

そうすれば、その周りに

世界の三大陵墓比較

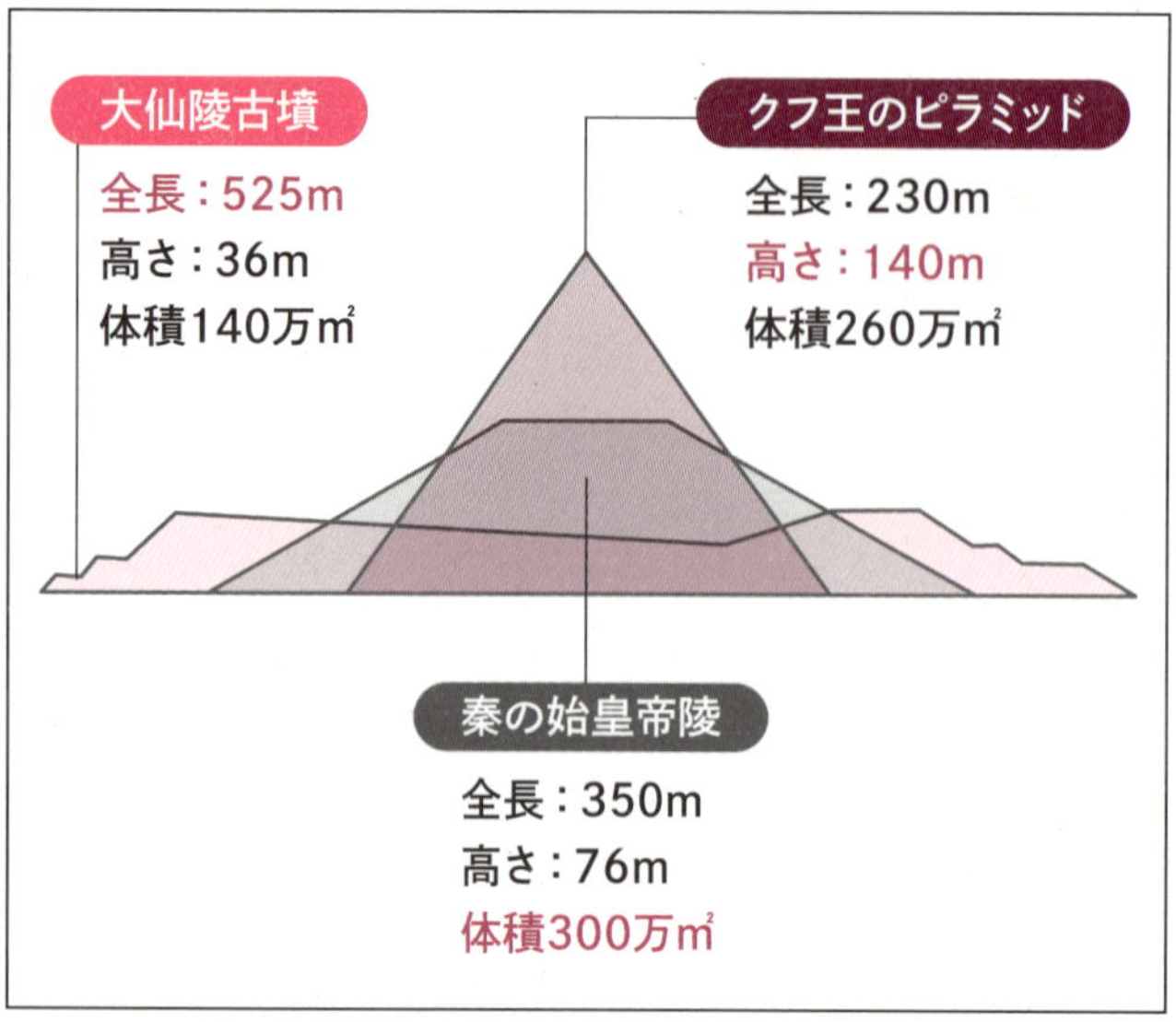

週刊朝日MOOK『歴史道』vol. 12（2020）より作成

古墳周濠を利用した用水供給システム

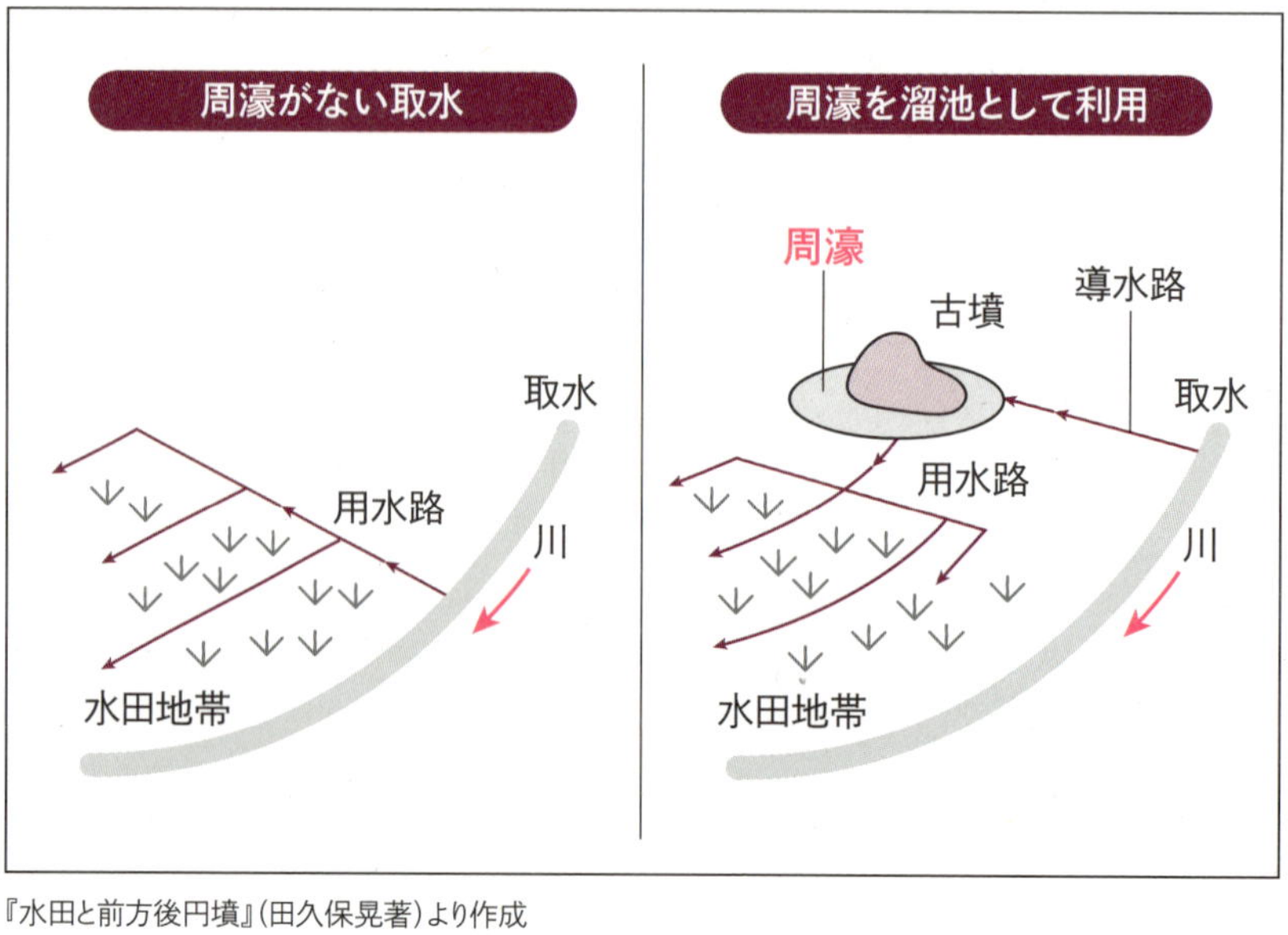

『水田と前方後円墳』（田久保晃著）より作成

「前方後円墳」の施工過程

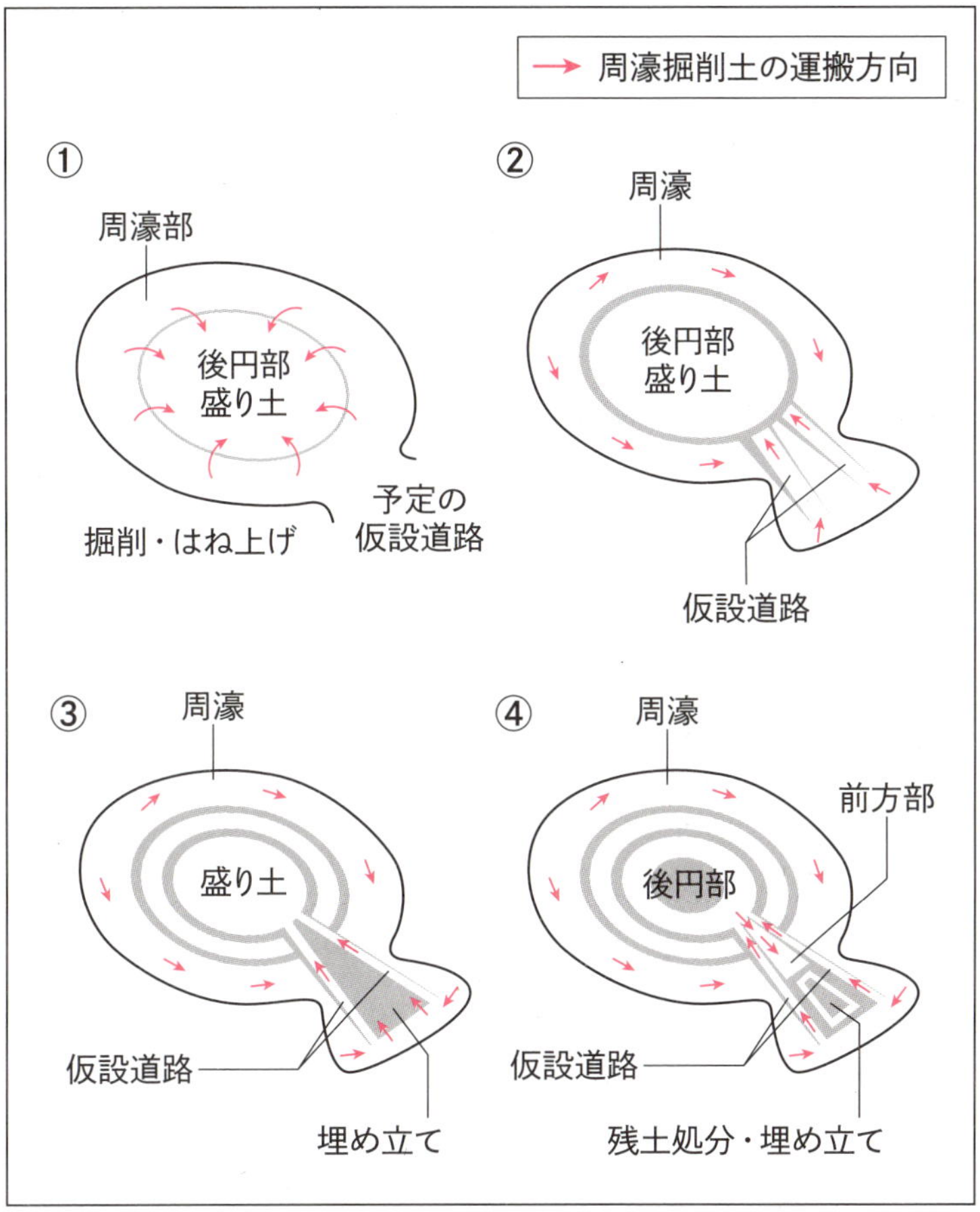

週刊朝日MOOK『歴史道』vol. 12（2020）より作成

濠ができ、水をためることができる。前方後円墳の規模が大きくなれば大きくなるほど、周りの濠も大きくなり、より水をためることができる。

　弥生時代の稲作は自然頼みであった。天水を利用して水田を作った。日照りが続けば水は涸《か》れて稲は育たない。川の水を利用することが多かっただろうが、それも同じで、洪水になれば稲が駄目になるし、日照りで川の水が少なくなれば水田は持たない。

　この本でも弥生時代は縄文時代から古墳時代への過渡期であると書いているが、まさにその通りで、農耕は始まったが自然頼み、そういう意味では縄文時代と同じだったのが、弥生時代である。

古墳時代に急激に増えた人口

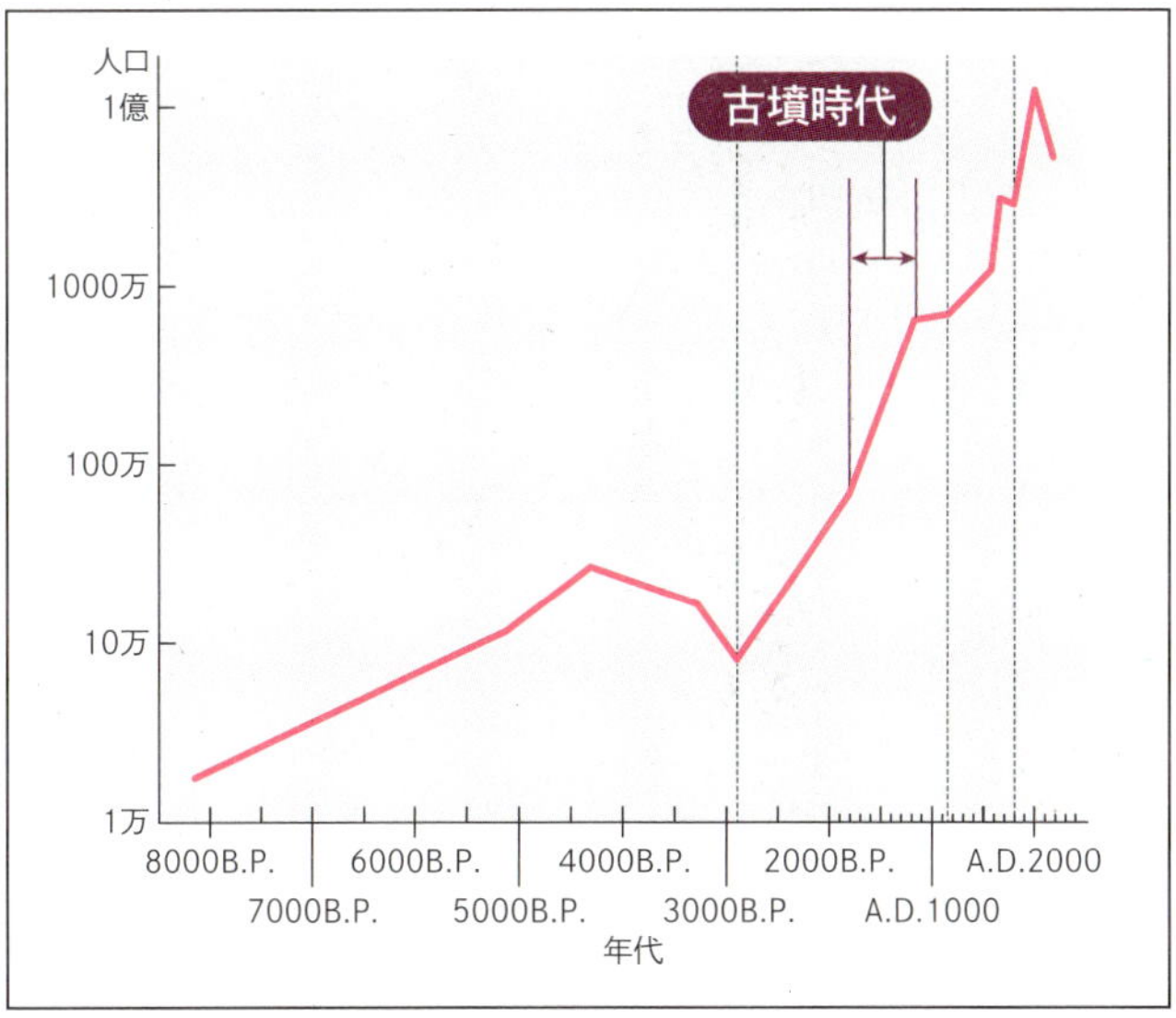

『人口から読む日本の歴史』（鬼頭宏著）より作成

自然頼みを脱却したコメ作り

　それが、古墳時代になり、前方後円墳という灌漑設備ができることによって、水田が自然頼みから脱却し、人口も急激に伸びていく。

　人々も自らの生きる糧であるコメが継続的に手に入るのであれば、前方後円墳づくりに協力するのは、当然だったのだ。

前方後円墳を作ったのは誰か

漢の時代に来た渡来系技術者

地方に広がる前方後円墳1。群馬の二子山《ふたごやま》古墳（写真：アフロ）

地方に広がる前方後円墳2。兵庫県の丹波篠山市にある雲部車塚古墳（写真：アフロ）

日本を席巻した前方後円墳

前方後円墳という発明品は日本の各地を席巻した。王の威厳を表すと同時に水田の灌漑設備でもあったからだ。各地の王は前方後円墳を作って民を豊かにした。

この前方後円墳を発明したのはヤマト王権であった。ヤマト王権は奈良盆地に発生した。古代には奈良の

土師氏が作ったのか？　須恵器の埴輪が並ぶ奈良県のナガレ山古墳（写真：アフロ）

中心に巨大な奈良湖があり、その奈良湖に向かってなだらかな山が形成されていた。山には水田が作られた。いまも私たちが見る棚田である。

その棚田を作った技術を応用して前方後円墳をヤマト王権は作り上げたのだろう。奈良盆地での水田作りの蓄積が、ヤマト王権の強みだった。自然頼みではないコメ作りである。

コメの最大の魅力は、おいしいということと、ひと粒で7つも8つも実をつけることだ。そして、炭水化物であることで、人々の腹を他の食べ物より満たしてくれる。人々が豊かに生活していくためには、非常に貴重な食物だった。弥生時代の人々も、その魅力にひかれていたが、自然頼みのために収穫が安定しない。

ヤマト王権は、そのような安定しない収穫を、前方後円墳という発明品で補った。そして、それを武器に各地との関係を深めて、支配的な地位に上りつめたといえる。

では、この項目の最初でさらりと書いてしまったが、はたして、前方後円墳という古墳を一体誰が考え出

前方後円墳の築造で各地の部族を支配したヤマト王権

したのか。ヤマト王権の誰が考え出したのか？

渡来系技術者だった土師氏

ヤマト王権の中で土木事業に携わっていたのは土師氏である。土師《はじ》氏は須恵器などの陶質土器を作った氏族である。須恵器は埴輪にも使われている。須恵器などの陶質土器も土を使う。

そして土木も土を使う。

水田に火山灰の土地は不向きである。火山灰の土地では水は土の下に流れてしまって溜めることができない。水が溜まらなければ、水田はできない。このように、土の性質を知らなければ水田は作ることができないのだ。

そして土師氏は渡来人であると考えられている。それは、前方後円墳である箸墓古墳の尺が、漢尺で測定されているからだ。箸墓古墳の規模を漢尺で測ると、全長がちょうど２００歩、円墳部分が１１５歩になる。さらに測量技術はかなり正確で、それまでに作られた古墳がいびつな形をしているにもかかわらず、円墳部分は正確な円を描いている。

縄文から古墳時代の考古学の大家である春成秀爾《はるなりひでじ》氏は「箸墓古墳の築造には、漢尺を用いて高度な土木工事を遂行できる帯方郡から

古代の中国と日本の比較年表

年代	北・東アジア	日本
	戦国時代	
前300	221　秦、中国を統一（～前206） 202　漢（前漢）建国（～後8）	
前200	141　武帝即位（～前87） 108　楽浪など4郡設置	
前100	仏教、中国へ伝来	縄文時代　弥生時代
紀元	8　王莽、新建国（～23） 匈奴分裂、高句麗成立 25　後漢建国（～220） 91　班超、西域都護となる	倭の奴国の使者、印綬を受ける
100	166　大秦王安敦の使節、日南郡に至る 184　黄巾の乱	
200	220　後漢滅び、魏呉蜀の三国時代 265　魏滅び、晋建国 280　呉滅び、晋が中国を統一（～316）	邪馬台国女王の卑弥呼が魏に遣使
300	304　五胡十六国時代（～439） 317　東晋建国（～420） 百済・新羅成立	ヤマト王権の統一進む
400	420　江南に宋成立、南朝 439　北魏の華北統一、北朝 485　北魏孝文帝、均田制を施行 江南に仏教栄える	古墳時代
500	562　加羅諸国滅亡 589　隋の中国統一	仏教伝来 593　聖徳太子、摂政となる（～622）

の渡来技術者の存在を想定するしかない」と著書（2023）で書いている。

では、その渡来技術者は、中国人なのか、それとも朝鮮半島の人々なのか。これはわからないとしか、いえないだろう。

なぜなら、中国でも韓国でも前方後円墳は見つからないからだ。韓国の一部で前方後円墳は見つかるが、それは日本で前方後円墳ができた後である。日本の文化が韓国へ渡ったと考える方が正しい。

箸墓古墳ができたころは紀元3世紀後半である。中国では三国時代であり戦乱が激しいころだった。ただし、漢尺は春秋戦国時代から秦・漢の時代に使われたものだ。そのため、漢の時代、あるいはそれ以前に中国から来た人たちといえるだろう。

ただし、前方後円墳は、一朝一夕でできるものではない。さらに、他国に類似しているものがないとすれば、日本独自の技術である。しかし、作ったのは渡来人。そうなると、渡来してから日本での技術集積を経て、前方後円墳ができたと考えられる。

いつ、誰が来て、どのように技術集積していったのか？　次項で検討しよう。

箸墓古墳（写真：アフロ）

漢尺で作られた箸墓古墳

緩やかな朝貢関係だった ヤマト王権の日本支配

前項で紹介した『水田と前方後円墳』の著者である田久保氏は、同書の中で、ヤマト王権の地方支配について触れている。彼は、ヤマト王権の地方支配は、朝貢関係を通じた比較的緩い支配であったと考えている。

その根拠として、各地方の古墳の形はバラバラであり、前方後円墳も多いが、円墳や方墳、前方後方墳など、バリエーション豊富で、画一的ではないことを挙げている。

各地方が、古墳の持っている機能の根本原理、各地の王としての権威の象徴であることと、水田稲作の溜池としての機能を有していれば、あとは、各地の実情にあわせるという融通のきく支配であった。

さらに、朝貢関係であるから、地方から、朝貢してくれば、灌漑稲作の技術を教えるという緩い関係であったとする。武力での支配より、教え、教えられる関係だった。『日本書紀』では、崇神天皇は地方（四方）に派遣する四道将軍に「もし教えをうけいれないものがあれば、すみやかに兵を派遣して討伐せよ」と発言したと載っている。まず教える。それがだめなら戦う。多くの地方は教えに満足したのだろう。その教えは、灌漑技術という地方を豊かにする教えだったのだから。

国際色豊かだった古墳時代

中国や朝鮮半島の人々、そしてユダヤ人も来ていた

現在の正統派ユダヤ教指導者（写真：アフロ）

箸墓古墳を作った中国からの渡来人

古墳時代には、日本に多くの渡来人が来ていた。かなり国際色の強い時代だった。前項で前方後円墳を作った技術者たちは渡来人であると書いたが、彼らは中国からやってきた人たちだっただろう。

箸墓古墳が作られた3世紀後半から4世紀前半までに、朝鮮半島に箸墓古墳のような土木技術を使った巨大な陵墓は現れていない。一方、中国には、前方後円墳はなかったが、巨大な陵墓はいくつも存在していた。さらに、その技術者集団が日本に逃げてくる動機もあった。三国時代が3世紀前半にあり、その混乱から逃げてきた技術者集団はいたはずだ。

『日本書紀』には、応神天皇の時代に弓月君が百済から何千人もの人々を連れて日本に亡命してきたと書かれている。朝鮮半島からも多くの渡来人が来ている。

さらに、千葉県の芝山古墳ではユダヤ人にそっくりな埴輪が発掘され

千葉県の芝山古墳で発掘された埴輪（写真：アフロ）

激しい戦争のない平和な国だった日本列島

ている。前頁に写真を掲載した今日の正統派ユダヤ教徒の指導者と比べてもらえれば、間違いないだろう。

日本の豪族のひとつ、秦氏は『新撰姓氏録』に、秦の始皇帝の末裔と書かれている。秦の始皇帝にはユダヤ人の血が流れているという説がある。実際の始皇帝の父親の名は呂不韋《りょふい》であり、その呂不韋は趙の商人ではなく、羌《きょう》族（現・チャン族）であり、その羌族はイスラエルの失われた10支族が作った国であるという。だから秦氏にもユダヤ人の血が流れているというものだ。

この説がどこまで正しいかわからないが、もともと秦は漢民族ではない。始皇帝の皇子とその姫の遺体から合成された顔の写真があるが、いまの中国人とは似ておらず、ウイグルに住むコーカソイドに似ている。秦を作った部族が中東の人々と交易をしていても全く不思議はない。そして、その人々が日本に来たとしても全く不思議ではない。

縄文時代、日本には戦争はなかった。弥生時代に集団間の争いはあったとしても、相手を根絶やしにするような戦争はなかった。

中国では、紀元前300年ごろは戦国時代で、その後も王朝が目まぐるしく替わっている。漢の時代が長かったとはいえ、その後、三国時代になっている。戦国時代には秦が趙の人々を皆殺しにした長平の戦いがあった。中国には他部族を殺戮する文化があった。

朝鮮半島も同じだ。高句

『日本書紀』より（応神天皇紀）

「この年、弓月君、百済より来帰《まるけ》り。因《よ》りて奏して曰く、『臣、己が国の人夫《たみ》百二十県をひきいて帰化り。然るを、新羅人のふせぐに因りて、皆加羅国にとどまれり』とまをす。ここに、葛城《かづらぎ》襲津彦《そつひこ》を遣わして、弓月の人夫を加羅に召さしむ。（以下、略）

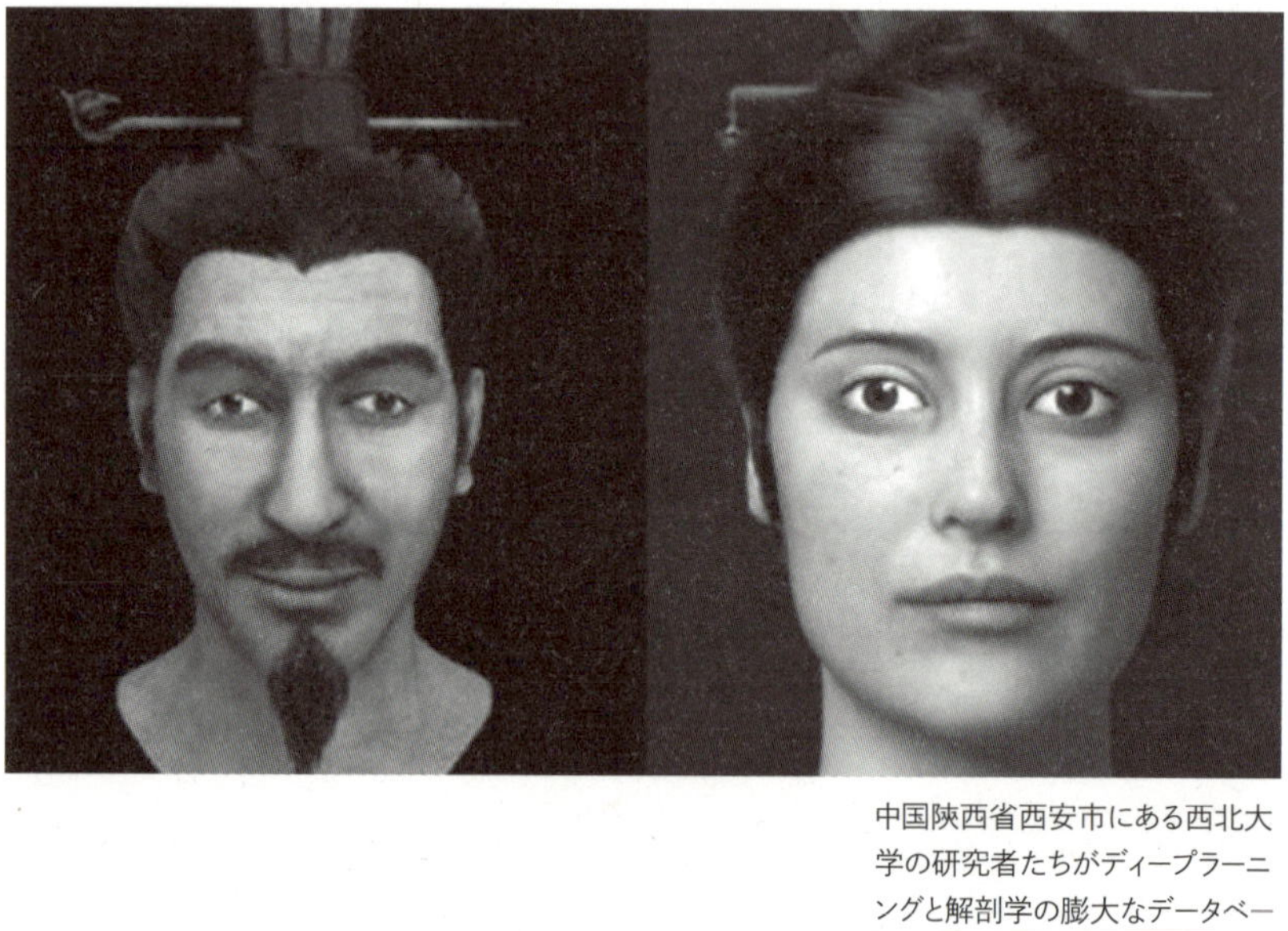

中国陝西省西安市にある西北大学の研究者たちがディープラーニングと解剖学の膨大なデータベースを活用した顔認識技術で再現した始皇帝の皇子とその姫

前方後円墳という異民族同士が作った傑作物

秦の領土

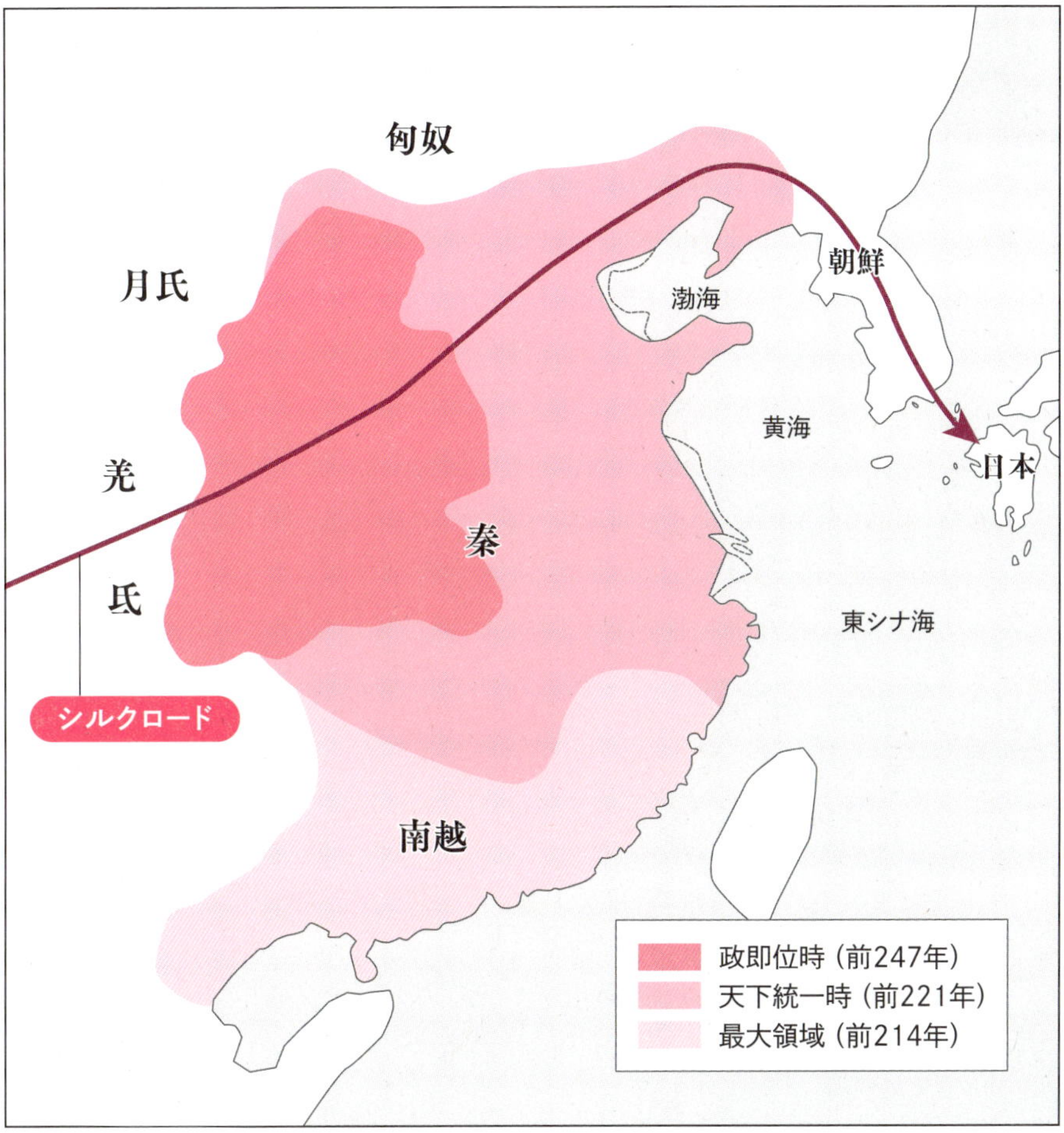

麗と新羅が紀元前から存在し、戦いを繰り広げていた。その戦いから逃げてくる難民は多くいたはずだ。

さらに、日本は豊かだった。海に囲まれ魚介類も多く、山には木の実が豊富にあった。そして、自然とともに人々は生きていた。その姿に渡来人は永住の地として、住むことを決めた。

異民族が協力し合ったヤマト政権

もちろん、渡来人と、もともと住んでいた日本人との争いはあっただろう。それが、集団同士の戦いを生んだ。それが弥生時代の戦いの真相だろう。そして、それは倭国の大乱と呼ばれる争いにまで発展した。

しかし、それもヤマト王権が生み出した前方後円墳による灌漑稲作で、収まっていったと思われる。王の威厳と食料の増産。各地に秩序がもたらされ、お腹が満たされれば、争いは減っていく。

そのような画期的な発明品が前方後円墳であった。さらに、素晴らしいのは、その前方後円墳をもたらしたのは帰化した渡来人だったということだ。古墳時代の人々は、誰が渡来人で、誰がもともとの日本人かわかっていたはずだ。

ヤマト王権の王は、もともとの日本人だったと思われるが、その権威を実務の面から支えていたのは帰化した渡来人だった。その成功した姿を前方後円墳という形で見た当時の人々は、異民族同士が共に生きていくことの有意義さを感じたはずだ。

古墳時代の日本は多民族国家として、成功した国だったのだ。

「記紀」神話に見る本当の古代史

素戔嗚命と大国主命が作った古代出雲王朝！

出雲市の荒神谷遺跡から発掘された約360本もの銅剣。出雲に巨大王朝があった可能性を示す（写真：島根県教育庁埋蔵文化財調査センター）

出雲大社　神楽殿（大注連縄。写真：島根県観光写真ギャラリー）

20世紀の終わりまで、「記紀」（『古事記』『日本書紀』）に書かれた神々の歴史は神話だけの世界であり、実在しないものとされてきた。

歴史学者であり、思想史家でもあった津田左右吉氏が天皇14代までの記紀の記述には、史料的価値が全くないとし、それが広く信じられてきたからだ。

そのため、記紀に書かれた出雲の歴史も架空の物語として捉える傾向が強かった。しかし、現在、記紀に対して、そこまで極端に考える歴史学者は多くない。

平安時代の出雲大社の本殿復元模型1／10（所蔵：出雲大社　写真提供：島根県立古代出雲歴史博物館）

見つかった巨大神殿の柱の根

特に2000（平成12）年に出雲大社内において巨大な柱の根が発見されてからは、『古事記』に書かれた大国主命の国譲りの物語は、実話かあるいは、それに近い出来事があったと考えられるようになった。

『古事記』には、大国主命が天つ神（天照大神）に国譲りをする代わりに、天つ神の御子が住む宮殿のような壮大な住居を、作ってほしいとお願いしたと書かれている。

2000年に発見された巨大な柱の根は、大国主命の巨大な住居があったことを証明しているのではないかと考えられているのだ。

出雲大社には古代の巨大な本殿の設計図とされる「金輪《かなわ》御造営差図」が伝わる。2000年に見つかった柱の根が、そこに描かれた柱と類似しているのだ。出雲大社の本殿は高さが約48mという社伝があり、その一部とも考えられる。出雲大社は何度も遷宮（建て直し）され、発見され

素戔嗚命は朝鮮半島の「新羅国」から来た！

『日本書紀』第八段一書第四に書かれた「新羅国」にいた素戔嗚命

「一書《あるふみ》に曰く、素戔嗚尊の所行《しわざ》無状《あずきな》し。故、諸神、科《おほ》するに千《ち》座置戸《くらおきと》を以ちてして、遂にやらふ。この時に素戔嗚尊、其の子五十猛神《いたけるのかみ》をひきい、新羅国に降り到り、曾尸茂梨《そしもり》の処に居《ま》す。乃ち興言《ことあげ》して曰く、「この地は吾居らまく欲せず」とのたまひ、遂に埴土を以ちて舟を作り、乗りて東に渡り、出雲国の簸《ひ》の川上にある鳥上峰に到ります」

素戔嗚尊（写真：アフロ）

た柱は鎌倉時代のものと推定されており、この時代にはまだ出雲大社が巨大だったことの証明となっている。

素戔嗚命が退治した高志の八岐大蛇

この出雲の国づくりが始まるのは、素戔嗚命からである。『古事記』では素戔嗚命が高天原を追放されて「出雲国の肥の河の上流、地名は鳥髪というところに降った」とある。

素戔嗚命はここで、この地を襲う高志の八岐大蛇を退治し、この出雲の国の須賀に宮を作った。哲学者の梅原猛氏は『葬られた王朝』（新潮社）の中で、ここで語られる高志を越（石川から新潟地方にあった国）と捉え、越に支配されていた出雲を素戔嗚命が打ち破ったことを意味すると書いている。

さらに、梅原氏は、『古事記』には書かれていないが『日本書紀』の第八段一書（「ある書にいわく」で始まる本編の付属説明）第四に素戔嗚命が「新羅国」から来たと書かれていることから、朝鮮半島から来た人物であると推測している。「新羅国」から来た素戔嗚尊が越の支配下にある出雲を解放したというわけだ。

そして、素戔嗚命から6代目の子孫である大国主命が、出雲の国をより発展させ、越の国の姫をめとることから、出雲が最終的に越を勢力下に置いたと考えられると梅原氏は書いている。

ヤマト王権に負けた大国主命

その後、出雲に国を作った大国主命は、天つ神から派遣された建御雷《たけみかずち》命の武力を背景にした交渉に敗れ、国を天つ神に譲渡しなければならなかった。結局、天つ神（梅原氏はヤマト王権と考えている）によって、出雲の国は奪われてしまったということだ。そして、その大国主命の鎮魂のために巨大な出雲大社が建てられたと梅原氏は考えている。

越を征服したといわれる大国主命

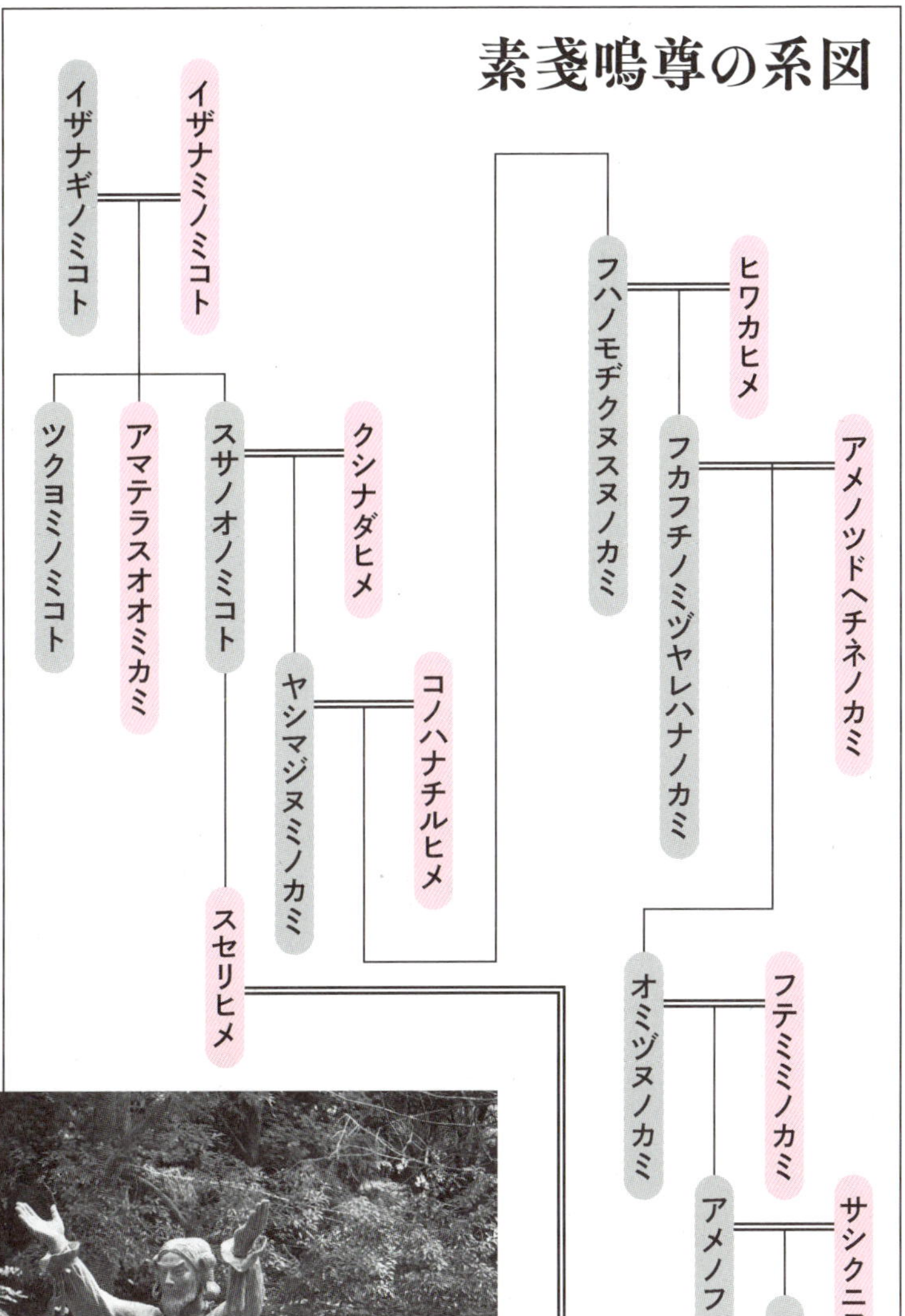

出雲大社　むすびの御神像
（写真：島根県観光写真ギャラリー）

しかし、はたして、戦争はあったのだろうか？　それがどうもはっきりしない。建御雷命による武力を背景として交渉をしたことはあったと思われる。この神様は武力の神様だ。しかし、戦争の明らかな証拠は残っていない。

なぜだろうか。その答えの鍵は、素戔嗚命が天孫降臨族であることだ。素戔嗚命と天照大神は弟と姉である。ということは、大国主命は天照大神の弟の子孫である。血のつながりがある。これは何を意味するのか？　次項で言及しよう。

ヤマト王権が狙った出雲

日本海流通を担った古代出雲王国

出雲にある斐伊川（写真：アフロ）

弥生時代に朝鮮半島と交易をしていた出雲

素戔嗚尊は「新羅国」から来たが、もともとは天照大神と姉弟の関係にある同じ天孫降臨族であった。天つ国を追い出され、一時、新羅国に行くが日本列島の出雲に戻ってくる。

『古事記』には、この記述はないが、『日本書紀』には書かれている。『日本書紀』は対外的に書かれた日本の歴史書という意味を持つので、あえて「新羅国」を登場させ、朝鮮半島と日本の密接な関係を入れたのかもしれない。

そもそも、弥生時代に出雲の国は朝鮮半島との交易を行っていたと考えられている。ヤマトよりも、それは深かったかもしれない。

日本海は縄文時代から交易の舞台だった。温暖だった時代は、三内丸山に見られるように東北地方が交易の中心だった。弥生時代に入ると、北部九州が朝鮮半島や中国との交易の中心になる。

出雲は北部九州と越を結ぶ交易の

浜辺の奥に大国主神と建御雷神が国譲りの交渉をしたという屏風岩がある出雲の稲佐の浜（写真：アフロ）

要であった。出雲には斐伊川が流れ内海を作っていた。その内海の水深は浅いが、当時の舟であれば十分航行可能な自然の良港となっていた。現在の出雲大社はその近くに立っていた。

弥生時代には、海上交易の要として、福岡の玄界灘にある沖ノ島があった。そこには宗像《むなかた》大社があり、海上交通の守り神として宗像三女神が祀られているが、その一柱であるタギリヒメノミコトが、出雲大社の神《かみ》魂《むすび》御《み》子神社《このかみのやしろ》に飾られている。出雲と北部九州が交易で結ばれていたことがわかる。

北部九州と日本海沿岸には交易があり、関門海峡から瀬戸内海を通ってヤマトに通じる交易もあった。しかし、地図を見るとわかるが、明らかに出雲の方がヤマトより近い。さらに、出雲は直接、朝鮮半島との交易があったとしても不思議ではない地にある。

そして、出雲には、ヤマトとは違う独特の文化があった。ヤマトには前方後円墳という古墳が存在するが、

北部九州から越への海上交通の要衝・出雲

弥生時代の斐伊川

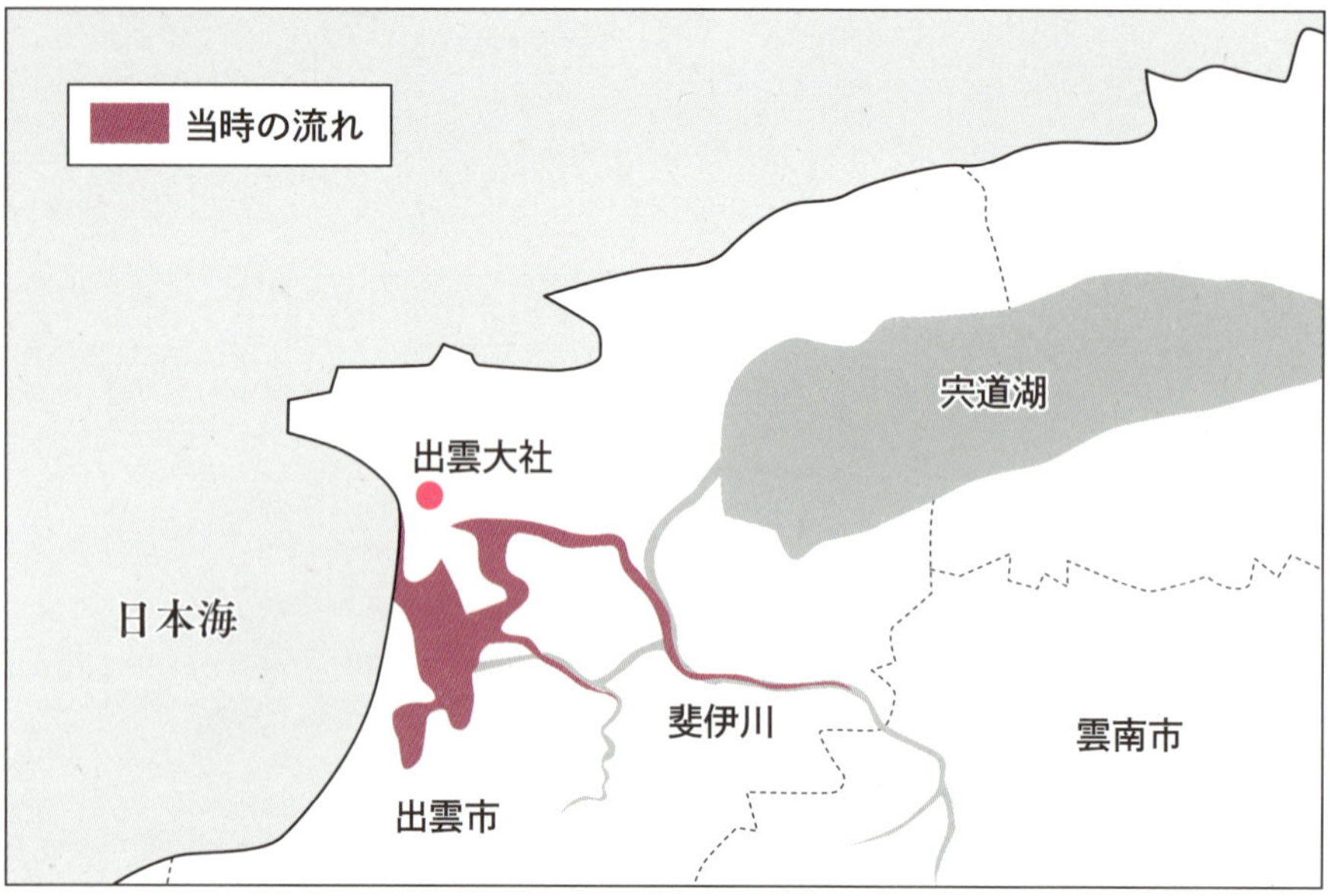

出雲には四隅突出型墳丘墓と呼ばれる古墳がある。方墳の四隅に人が上ることのできる道がついている独特の古墳だ。

　明らかに出雲には、ヤマトとは違う文化を持つ国があった。そして、それは巨大な国であったと考えられる。前項に写真を載せたように祭祀用の銅剣が３００本以上も同じ場所から発掘されている。

　文献上でも『古事記』に大国主命による国づくりと国譲りが書かれている。巨大な出雲王国があったのだ。それは、朝鮮半島、北部九州、越を結ぶ交易の要であったことが基礎にある。

　しかし、結局、武力を背景にしたヤマト王権との交渉に屈服した。それが大国主の国譲りだ。

　だが、そこには大きな争いはなかっただろう。ヤマト王権と各地方の関係は、先述したように、緩やかな朝貢関係だった。そして、教え、教えられる関係だった。

上陸禁止であり神の島である沖ノ島を拝む宗像大社沖津宮《おきつぐう》遙拝所（写真：アフロ）

弥生時代の交易ルート

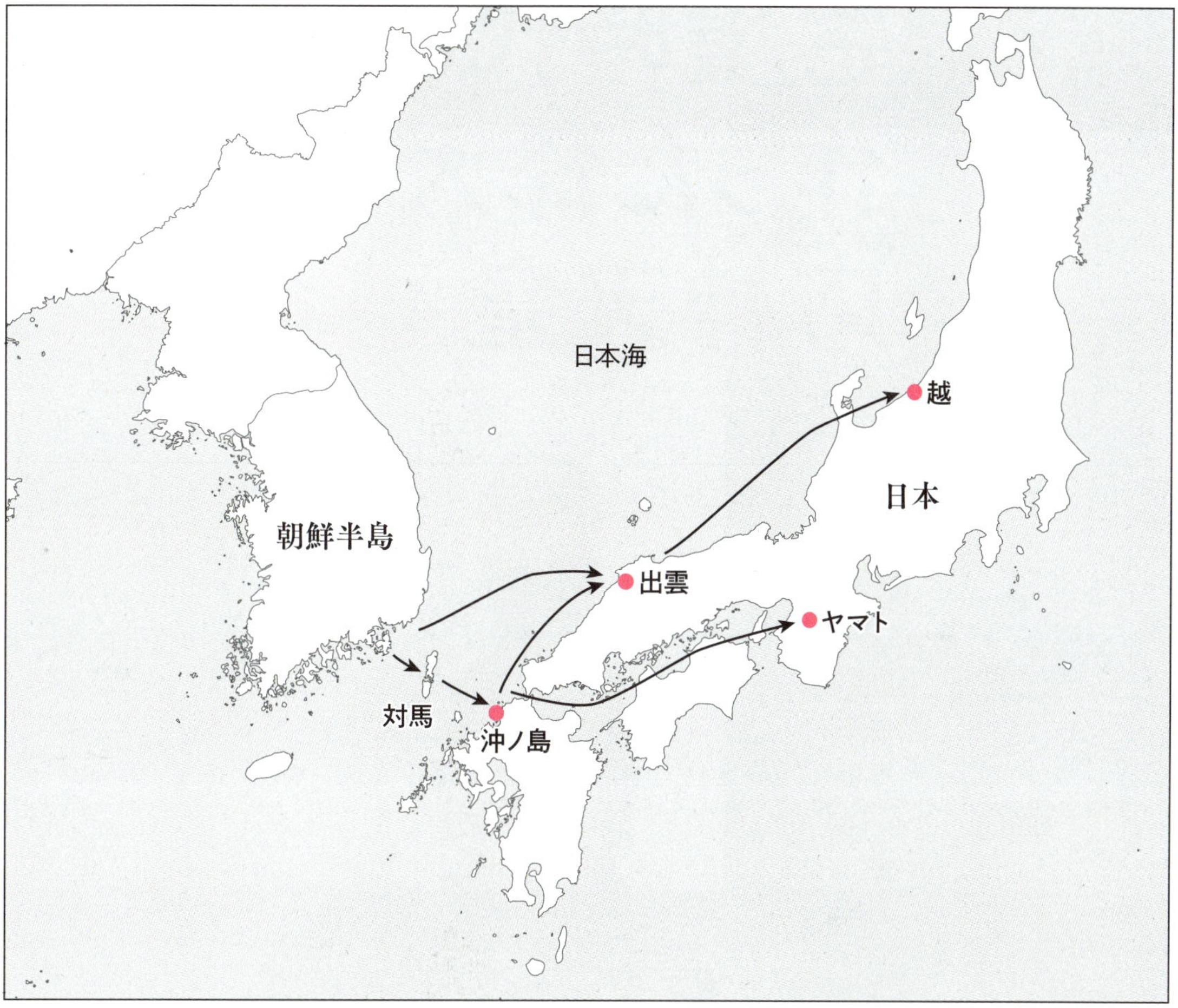

天つ軍と戦わなかった大国主命と事代主命

ヤマト王権を受け入れた出雲王朝

ヤマト王権は前方後円墳を基本とした灌漑水田稲作の技術を提供する代わりに各地から朝貢を受けていた。ヤマト王権はそれを出雲にも求めただろう。ヤマト王権が出雲に求めたものは、交易の権益だと思われる。出雲にある最大の強みは交易だからだ。

しかし、出雲からすれば、ヤマト王権からそんな技術を提供されなくても、十分に王国として機能していた。日本海交易の要として、経済的基盤はしっかりしていただろう。だからこそ、大国主命の息子のひとり建御《たけみ》名方《なかた》神は建御雷神と戦うことを決意するが、結局は敗北する。

そこに少々の戦闘はあったとしても、全面戦争ではなかっただろう。大国主命自体は戦闘に参加していないと考えられるし、息子の一方である事代主命は戦っていない。そして、ヤマト王権は出雲の交易の権益を手に入れた。しかし、だからといって、出雲の人々を排除したわけではない。ヤマト王権は天つ神と並ぶ建物を提供し、「記紀」には、同じ天孫族として記述しているのだ。ヤマト王権と出雲王朝は兄弟的な関係であったのだろう。

百済からの渡来人といわれた天皇

古墳時代のピークを作った偉大なる王、応神天皇

応神天皇像（写真：アフロ）

応神天皇が祀られている宇佐神宮（写真：アフロ）

応神天皇の名前になぜ「神」がつくのか

仲哀天皇と神功皇后の間に生まれた応神天皇。架空の人物であると言われながら、さまざまな事績が残っている。

「神」という文字が名前につく天皇は神武天皇、崇神天皇、応神天皇の3代しかいない。特別な存在である。

なぜ、「神」がつくのだろうか。

神武天皇は初代の天皇であり、崇神天皇も実在する天皇として初めてまつりごとを行ったから、特別に名前に「神」がついているといわれている。

では、応神天皇は何をしたのだろうか。

彼のもっとも大きな仕事は渡来人との共同の国土開発である。すでに何度か触れているが、百済の弓月君を日本に招いたのは応神天皇であった。そもそも、応神天皇自体が百済からの渡来人であるとする説もあるくらいだ。

渡来人であるかは別として、応神

3代しかいない神がつく天皇
その内の一人、応神天皇

天皇が、国土開発した話は多く『日本書紀』に出てくる。

「即位3年の冬10月、蝦夷をもって厩坂道作らしむ」

「即位5年の秋8月、諸国に令して、海人及び山守を定む」

「即位7年の秋9月、高麗人・百済人・任那人・新羅人、並に来朝り。時に武内宿祢に詔して、諸々韓人らを率いて池を作らしむ」

「即位11年の冬10月、剣池・軽池・鹿垣池・厩坂池を作る」

　即位7年のところには国土開発のことだけではなく、多くの渡来人とともに行ったことが記してある。これが応神天皇の偉大なる業績なのだ。特に池を作った。水田に水をもたらす貴重なインフラ整備である。

　彼がこの池を作った時代が、まさに古墳時代だった。『日本書紀』には、応神天皇の生まれは200年となっているが、実際は120年ほど後ではないかといわれている。そうなると、320年。応神天皇は長寿であったから110歳まで生きている。そうすると、320年から430年が、応神天皇が存命だった時期である。

　まさに、古墳時代のどまんなかである。ヤマト王権が前方後円墳をもって各地を支配した時期とぴたり重なる。そして、応神天皇を

大阪にある応神天皇陵（写真：アフロ）

宇佐から日本海に通じる関門海峡（写真：アフロ）

渡来人とともに多くの池を作った偉大なる王

継いだ天皇は仁徳天皇である。

民が住む町から、かまどの煙が上がらないのを見て、税を免除したという逸話が残る天皇だ。かまどの煙が上がらないのは食べる物がないからだ、だから、煙が上がるまで、税を取り立てないとおっしゃった。

そのため、宮中は荒れ果て、雨漏りがしても、そのままにしていたという。民のことを本当に考えていた天皇だった。

渡来人と結びついて国土開発した天皇

その仁徳天皇の名前にも「神」の文字はない。やはり応神天皇の方が偉大だったのだ。

応神天皇は八幡社と結びついて、本当に神様として祀られている。八幡社の本宮は大分県宇佐市にある宇佐神宮である。

その宇佐神宮のホームページには以下のように応神天皇とのつながりが書かれている。

「八幡さまは古くより多くの人々に親しまれ、お祀りされてきました。

全国約11万の神社のうち、八幡さまが最も多く、4万600社あまりのお社があります。

宇佐神宮は4万社あまりある八幡さまの総本宮です。

御祭神である八幡大神さまは応神天皇のご神霊で、571年（欽明天皇の時代）に初めて宇佐の地にご示顕になったといわれます。応神天皇は大陸の文化と産業を輸入し、新しい国づくりをされた方です。725年（神亀2年）、現在の地に御殿を造立し、八幡神をお祀りされました」

宇佐の地は、周防灘に面し、瀬戸内海と日本海につながっている。

東に行けばヤマトがあり、関門海峡を抜けて日本海に出れば朝鮮半島とつながっている。応神天皇は朝鮮半島の国々と結びついて、ヤマト政権に巨大な前方後円墳をもたらし、支配力の基盤を作った偉大なる王だったのだ。

前方後円墳がなくなった理由

作り過ぎてしまった古墳 溜池の機能が なくなった

奈良県の宇和奈辺古墳（写真：アフロ）

火葬が増えたというのは一つの理由に過ぎない

巨大な前方後円墳は6世紀で作られなくなる。通説は仏教が入ってきて火葬が増え、そのため巨大な労力がかかる古墳づくりを止めたというものだ。

しかし、これは、古墳の一面しか見ていない。前方後円墳という古墳には溜池の機能があった。仏教が入ってきて火葬が増えたとしても、灌漑稲作には水が必要である。溜池は必要だ。

では、どうして古墳は作られなくなったのだろうか。理由は簡単、作り過ぎだ。水がふんだんに取れるところでは、前方後円墳を大きくすれば大きくするほど、周濠は大きくなり膨大な水をためることができる。

しかし、雨が降らないところや、水が流れないところに巨大な濠を作っても水はたまらない。砂漠にいくら濠を作っても水はたまらない。

だから、一つの前方後円墳で十分なところにいくつも作ったのでは川

作られ過ぎの古墳。大阪府 百舌鳥・古市古墳群（写真：アフロ）

の水量が多くなければ機能しない。いまだに作られてないところは、喉から手が出るほど、前方後円墳は必要であろうが、すでに、作られているところに、また作っても水はたまらない。

ヤマト王権は朝鮮半島にも前方後円墳を作っている。ヤマト王権は朝鮮半島にも権益を求めていた。しかし、それは日本と地形が同じような場所で、水田稲作が実施できるところでないと意味がない。結局、前方後円墳は朝鮮半島の南西部、済州島が対岸にある範囲でしか作られていない。高原地帯や畑作地帯には拡大しなかった。

そのため、その地域を支配する高句麗や新羅とは結局、ヤマト王権は対立することになる。

日本でも同じであった。水が取れずに水田開発が容易に進まなければ、巨大な前方後円墳を作る意味はない。大王の墓だとはいえ、メリットのない仕事に民を動員するのは容易ではない。大王の力は急速落ちていっただろう。そして豪族が台頭してくる

巨大前方後円墳を作っても水がたまらない

ことになる。それが、物部氏や大伴氏、そして蘇我氏などだ。

その力が落ちた大王にさらに衝撃を与えることが起きる。

それは朝鮮半島の権益がほぼなくなってしまったことだ。ヤマト王権が支援してきた朝鮮半島の任那が半島全体の戦乱の中で急速に力を落とし、6世紀半ばにはほぼ消滅してしまったのだ。

鉄も含めて交易品を調達していた朝鮮半島の足場をヤマト王権は失ってしまった。そして、巨大な前方後円墳も6世紀の中ごろには、ほぼ作られなくなってしまう。

谷地をせき止め水をためる

ちなみに、この当時の天皇は継体天皇である。継体天皇を擁立したのは大伴金村大連だ。彼は、朝鮮半島政策の失敗と、任那と対立する百済に便宜を図ったことで、物部尾輿《おこし》大連に糾弾され失脚している。これによって物部氏は一気に台頭してくることとなった。

巨大前方後円墳は作られなくなっていったが、それでも、中型や小型の前方後円墳は7世紀初頭までは作られていた。大王のものというより、豪族たちの古墳だろう。

だが、それも7世紀には

継体天皇像（写真：アフロ）

奈良県の御前池（写真：アフロ）

ダムを作り始めた技術集団の土師氏

作られなくなる。なぜだろうか。

　それは新たな水の溜池ができたからと考えられる。古墳の周濠にかわるもの。それが、いまでいうダムである。前方後円墳を作ってきたのは土師氏である。前方後円墳が作られなくなると彼らの仕事はなくなってしまう。

　土木技術を生かせる道はないか。きっと土師氏はかなり頭をひねったであろう。そこで見つけたのがダム的な作りの溜池である。

　現代でも、ダムを作るのは大変な作業である。巨大なダムを作るのは、難事業であった。黒部ダムの建設は映画にもなったほどだ。古墳時代も同じであったろう。

　しかし、前方後円墳を作ることを思えば、そうでもないはずだ。土師氏たちは水が流れる谷をふさぎ堤防を作って、そこに水をためる技術を開発した。

　なかには前方後円墳の堤防をかさ上げして、川と結び、古墳を水没させるぐらいの深い溜池を作ることもしている。

　だが、それは高度な技術であったが、画期的な技術ではなかった。前方後円墳が作られなくなって、日本の人口の伸びは急速に落ちてしまうからだ。

　日本は古墳時代の終わりを迎えていた。

Column
3

ザッツ・東北の古代

古代の東北の謎に迫る

三内丸山遺跡（写真：金子靖）

2000年続いた三内丸山が消滅

古代東北地方の大きな謎は、突然、集落が消えてしまうことだ。まずは、コラム1で触れた三内丸山。

ここは2000年近く存続していた。これは大変すごいことで、天皇の家系が2700年続いているといわれるが、国の形は大きく変わっている。しかし、三内丸山の基本的なことは変わらずにいた。その三内丸山が消滅した。

これは非常に大きな謎で、文明史的にも問われる課題である。説はいろいろある。

寒冷化によるクリ林の崩壊のために生活基盤が崩れたこと、あるいは疫病、そして集団構造の変化（階層分化による争い）により分裂したなどが考えられる。

いちばん有力な説が寒冷化。2009年、東京大学大気海洋研究所が4200年前ごろに三内丸山の気温が2度下がり環境が激変したと発表している。

しかし、それであれば、南に移動すればいいだけだ。東日本全体の集落が衰退しているのだ。東日本全体が寒くなったということだろうか。

また、寒冷化による生活基盤の崩壊によって周りの集落へ分散したという説もあるが、逆に寒冷化を迎えて三内丸山に人が集まってきたという報告も出ている。

まだ決定的な説は出ていない。謎のままだ。考古学者の岡村道雄氏は複合的な要素が重なったと主張する。集団構造の弱体化（階層分化と反発）や、シャーマンの力の低下に寒冷化、そして盛り土の腐敗による疫病なども重なった可能性がある。原因をひとつに絞る必要はないという。

寒冷化説が有力だが、他にも疫病、階層化などの理由が…

どちらにしろ、三内丸山の消滅を考察することは、縄文文化の弱点を考察することにつながる画期的意味があるが、謎のままである。

また、弥生時代後期以降、東北北部では、人口が減少し、過疎、あるいは人の不在といった状況が発生していた。

一説に、気候が寒冷化したことで、稲作が困難になったからというのが有力とされているが、これもわかっていない。

南下した続縄文人が逆に北海道に

この時代に、北海道の続縄文文化の人々が南下を始め東北に来ている。しかし、

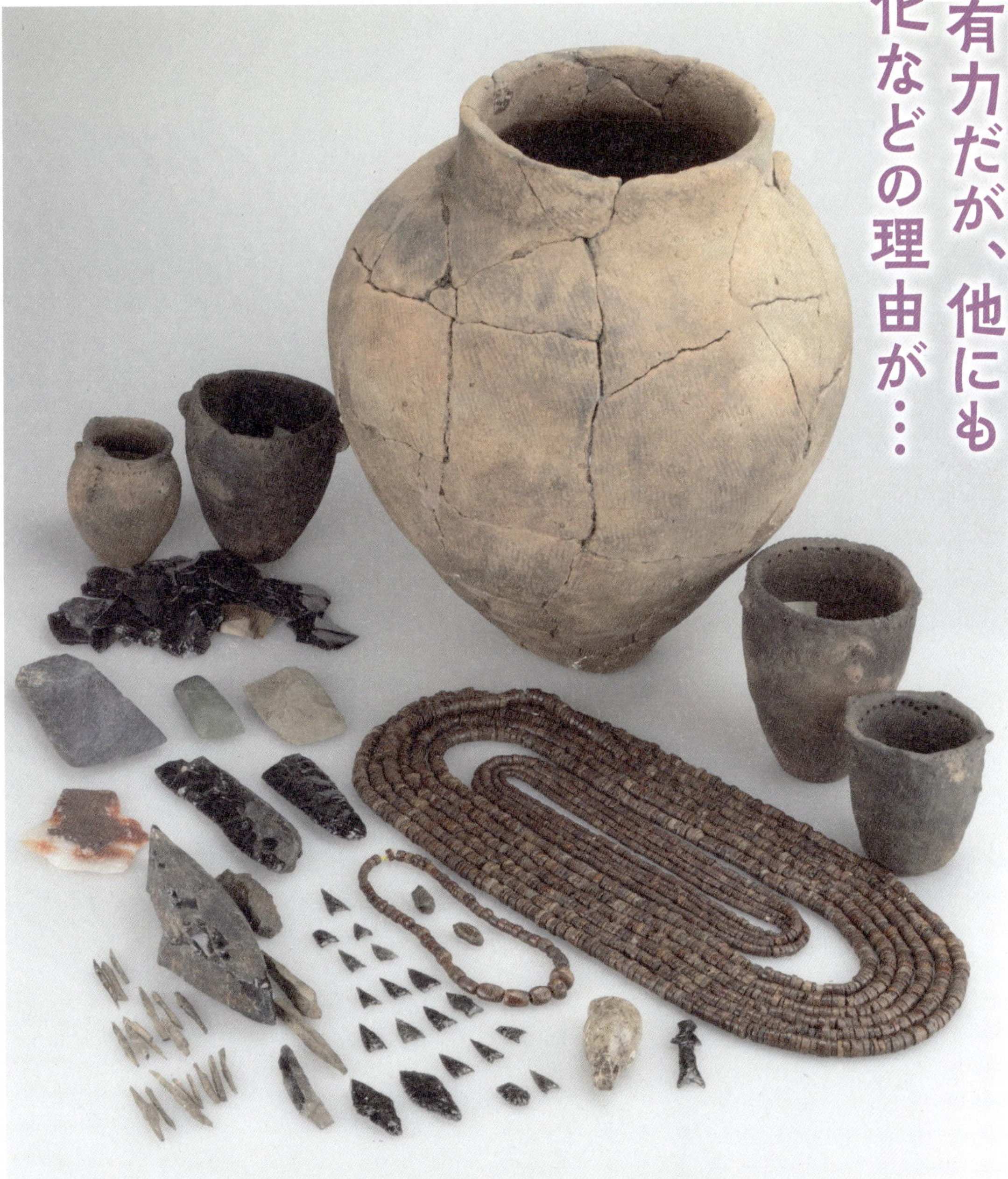

続縄文人の墓から出た副葬品

粛慎はオホーツク人であったのか!?

オホーツク土器

6世紀になると、今度は逆に北海道に戻ってしまっている。

当時の北海道は、オホーツク文化の人々がサハリンから北海道へと南下し、道北の沿岸部に集落を構えていた。さらには道東のオホーツク海沿岸部に進出した。北海道の地は、まだ残っていた続縄文人とオホーツク人とに二分される形となる。

オホーツク文化とは、3世紀前後の古代サハリンで成立した海獣狩猟・漁労民の古代文化で、北海道では、9世紀ぐらいまで彼らの遺跡の存在を確認することができる。彼らは、サハリン北部に暮らすニヴフなどの祖先に当たる北方モンゴロイド集団で、北海道の続縄文人とは異なる文化の人々であった。

続縄文人の南下は、オホーツク人の進出を受け、これに押し出されたためとの説がある。その続縄文人が、まだオホーツク人が北海道に勢力を保っていたにもかかわらず、北海道へと撤退しているのだ。

なぜ、だろうか？　一説には、この時代、続縄文人社会に鉄器が流通し始め、彼らにとって鉄器は必需品になりつつあった。だから、続縄文人が南下した理由は、古墳文化の人々との交易・交流が目的であったといわれる。そして、6世紀に入っての撤退は鉄器の入手ルートが変わったからだと考えられている。

しかし、決定的な説は出ていない。まだまだ、多くの謎が残る東北の古代なのだ。

ちなみに、『日本書紀』では、544年に、佐渡島の海岸に粛慎《みしはせ》という人々が来着し、しばらく留まったことが記されている。この粛慎がオホーツク人であったと考えられている。

また、ヤマト王権は、王権の支配領域の外である東北の「まつろわぬ民・帰属しない東国の民」を蝦夷と呼んだ。古代には「蝦夷（エミシ）」と呼び、東北と北海道の人々を指した。この人たちが続縄文人なのではないかと、考えられている。

さらに、ヤマト王権の阿倍比羅夫の遠征とは、古墳文化の東北人と交流のあった続縄文人と阿倍比羅夫とが、両者の交易の安定化のため、オホーツク人を排除した共同作戦であったという説もある。

第四章

飛鳥時代～

四天王寺（写真：アフロ）

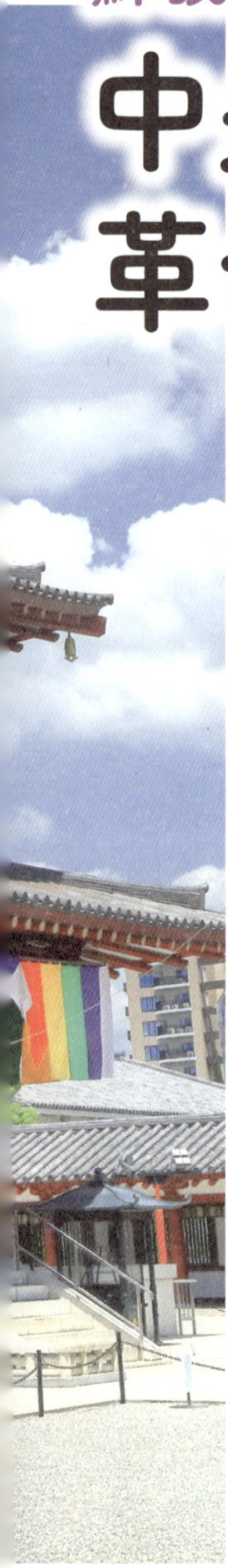

蘇我氏に暗殺された聖徳太子

中央集権体制を目指した革命児だった上宮太子

伝聖徳太子（写真：アフロ）

戦勝を祈願してできた四天王寺（写真：アフロ）

古墳時代の遺物を一掃する

日本に革命を起こそうとしていた人物がいる。それが聖徳太子だ。彼は古墳時代の遺物を一掃しようとしていた。古墳はもう作らなくなった。聖徳太子が導入したのは仏教だ。聖徳太子が摂政の時、前方後円墳の造営を禁止した。

彼は日本人の宗教観、死生観をまったく変えようとしていた。前方後円墳は水田の灌漑の意味を持つだけでなく、当然、祖先崇拝の意味も持つ墓であった。

その墓に眠るのは、いまの自分たちに食と富の恵みをもたらすために、汗水流して水田稲作の灌漑をした一族の長である。彼らがいなかったら、いまの自分たちはない。豊かな食にもありつけていない。

だから、彼らは、前方後円墳という、彼らの富をもたらすものに先祖を祀ったのだ。それは一族のきずなの証でもあった。

聖徳太子が求めたものは隋のよう

中心格として導入した仏教と神道

な天皇を中心格とする中央集権体制であった。各地に有力な一族がバラバラに存在するのではなく、天皇のもとで統治された社会である。

そのために、導入したのが仏教である。仏教には仏様がいる。その仏様は一族の祖霊ではなく、世界の中心ですべての人を救う神である。聖徳太子は神道にも帰依していた。神道も意味的には同じである。

天照大神は地上を照らす太陽の天津神である。そして、その太陽のもとに各地域の祖霊たちの国津神や八百万神がいる。天照大神がいるからこそ国津神や八百万神がいるのだ。

中央集権体制を作るには、各地域の各氏族の祖霊信仰をそのままにしていたら、結局、氏族ごとにバラバラになってしまう。その中心格が必要なのだ。それが神道における天津神である天照大神であり、仏教における仏様なのだ。そして現世では天皇である。

だからこそ、聖徳太子は祖霊神をまつる前方後円墳を禁止した。表向きは古墳を造営する費用がかかりすぎることであったが本音は違う。

憲法十七条にも表現された意志

それは憲法十七条にも表れている。

「一に曰く、和をもって貴しとなし、さからうことなしをもって宗とせよ。人みな党あり、またさとれる者すくなし。（後略）」

ここでいう、「人みな党あり」とは、氏族のことを指す。そして、それらは悟っていないというのだ。二条を見てみよう。

「二に曰く、篤く三宝を敬え。三宝とは仏と法と僧なり。（後略）」

蘇我馬子の墓といわれる石舞台古墳（写真：アフロ）

乙巳の変の舞台になった飛鳥宮跡（旧名　伝飛鳥板蓋宮跡、空撮、写真：アフロ）

氏族派の物部氏と蘇我氏 集権派の聖徳太子

聖徳太子は、ここで、祖霊ではなく、仏と法と僧を敬えといっているのだ。さらに三条では、

「三に曰く、詔をたまわりてはかならずつつしめ。君を天とす。（後略）」

まさに、君である天皇の言葉をしっかり守りなさいと言っている。聖徳太子の十七条の最初の3条に太子が目指す国の形が示されていたのだ。

この聖徳太子の仏教導入に反対したのが物部守屋であった。

形の上では、蘇我馬子と聖徳太子連合が仏教派で、物部守屋が神道派となっているが、聖徳太子的にはちがう。聖徳太子の狙いは中央集権体制であり、氏族をそれに組み込むことであった。

しかし、それを強くは出さず、仏教派の蘇我氏と手を組んだ。蘇我氏が、仏教を擁護するのは外国から入ってきたものだったからだ。新興の氏族である蘇我馬子にとって、伝統的な氏族の物部氏に勝つには外国勢力を味方につけた方がいい。そういう戦略だった。

対立した蘇我氏と聖徳太子

この戦いの結果、物部氏に聖徳太子と蘇我氏の連合は勝利するが、結局、聖徳太子と蘇我氏とは対立する。それは、天皇を中心格とする中央集権体制を目指す聖徳太子と、氏族の伸長を狙う蘇我氏とは相容れないからだった。

そして、聖徳太子は暗殺されることになる。氏族だけの権力を求めている蘇我氏にとって聖徳太子は邪魔でしかなかった。

聖徳太子の死は明らかに不自然だった。天然痘が死因であるが、その当時、巷《ちまた》で流行していない。なぜ、流行ってもいない天然痘で死んでしまうのか。

さらに、聖徳太子は妻が亡くなった翌日に亡くなっている。まさに暗殺による見せしめでしかない。さらに息子の山背大兄王も自害に追い込まれてしまっているのだ。

革命児であったがゆえに、保守の既存勢力に嫌われて殺されたのだ。しかし、その保守勢力の蘇我氏も、乙巳の変で、中大兄皇子と中臣鎌足によって殺される。

すでに、古墳時代は終わっていた。時代の潮流は変わっていたのだ。

「鉄は国家なり」だった古代

鉄を求めて朝鮮半島へ遠征したヤマト王権

吉備国の中心にあった吉備の中山(写真:アフロ)

島根県、和鋼博物館にある製鉄風景の模型（写真：アフロ）

吉備との戦いも鉄が原因か!?

古代を語るとき、鉄を忘れてはいけない。弥生時代の始まりが早くなる前は、縄文時代と弥生時代を分ける指標として鉄の導入があった。現在は、弥生時代の始まりが早くなって、その指標はなくなったが、弥生時代に鉄の生産が始まったのは間違いない。

弥生時代の終わりから古墳時代にかけて、日本列島各地で鉄の生産が始まっている。出雲の国のたたら製鉄はそのひとつである。出雲地方が古代に巨大な勢力であった理由のひとつとして鉄の生産も挙げることができる。流通の拠点であり、鉄の生産地であった。

ちなみに、古墳時代の5世紀に、吉備氏とヤマト政権の間で戦いが起きている。その戦いは3度にわたるが、吉備氏の敗北で終わる。吉備は岡山県であり鉄の産地でもあった。ヤマト政権が吉備の鉄を奪った戦いだった可能性は高い。

古代出雲も流通だけでなく鉄も産出した王国だった

鉄は青銅器に比べて非常に強固である。武器としての性能は高い。殺傷能力も石器に比べて非常に高い。弥生時代に戦争が始まるのは鉄器の登場も大きいだろう。

大塚山古墳（京都府）から出土した鉄剣（写真：アフロ）

武器としても使われたが、鍬《くわ》や鎌などの農機具としても非常に役立った。ヤマト政権は、各地域の豪族を従えるときに、前方後円墳の技術と一緒に鉄製品も提供しただろう。水の確保だけでなく土地を耕す機器も渡し、農業生産のシステムをセットで提供した。さらに鉄は武器にもなる。

それから、土器や装飾品も提供しただろう。ある意味、生活の向上に必要な一式を提供したわけだから、ヤマト政権に従う地方豪族が増えるのは当然といえる。

しかし、日本から鉄鉱石は出ない。日本の鉄は砂鉄である。そのため、ヤマト政権は朝鮮半島の加耶から鉄を仕入れていた。加耶（伽耶）は古代の鉄鉱石の産地だった。

『三国志』の『魏志韓伝』（『魏志倭人伝』韓半島版）には「国は鉄を出し、韓、濊《わい》、倭はみな従いてこれを取る」と記されている。濊というのは朝鮮半島中部東海岸にあった国である。「加耶は鉄を産出し、韓人も濊人も倭人も取引していた」という意味だ。

諸外国と関係を結んだヤマト政権

この倭人の中心が、ヤマト王権であっただろう。もちろん、出雲王国も取引をしていただろうが、北部九州を取引の中継点としていたヤマト王権に、取引の主導権を奪われていたと想像できる。

『三国志』の『魏志倭人伝』には邪馬台国の卑弥呼が登場する。卑弥呼が神功皇后であるかどうかはわからないが、『日本書紀』がそれを匂わせているということは、卑弥呼とヤマト政権が非常に密接な関係であったことは想像に難くない。

ヤマト政権は卑弥呼を使って（女王だったかもしれないが）、魏と朝貢関係を結んだ。それは、朝鮮半島での権益に対する保険みたいな意味もあったかもしれない。そうでなかったとしても、ヤマト政権が各国に対して外交政策を展開していたことは間違いないだろう。

ちなみに、神功皇后は三韓征伐をしている。実際は、そこまでしていないだろうが、当時、倭人が朝鮮半島を荒らしていたことが、『三国志』に書かれている。その倭人たちを征伐した話

神功皇后は倭寇を退治しに朝鮮半島に渡ったのか!?

加耶の位置

を盛ったのかもしれない。
倭人は海賊のことと思うが、出雲などヤマト政権と対立していた勢力かもしれない。
どちらにしろ、ヤマト政権が朝鮮半島から鉄を仕入れることに必死だったことは確かだろう。だからこそ、朝鮮半島での足がかりがなくなってしまうと古墳時代は終焉《しゅうえん》を迎え、聖徳太子という革命児を生んで、時代が変わっていく。
「鉄は国家なり」は初代総理大臣の伊藤博文の言葉だが、現代の私たちにはピンとこない。「半導体は国家なり」の方がピンとくる。しかし、古墳時代はまさに「鉄は国家なり」の時代だったのだ。

三韓征伐（月岡芳年）

ヤマト政権が目指した東北の鉄

鉄から発見された金が奥州藤原氏の黄金の国を作った

岩手県平泉町の中尊寺金色堂の仏像(写真:アフロ)

砂鉄を含む砂浜(写真:アフロ)

服属した蝦夷を使って鉄を生産した

飛鳥時代に入ると、ヤマト政権は東へ進出していく。『日本書紀』には、「斉明四年(658)斉明天皇の命を受けた阿倍比羅夫は北伐に向かった」ことが書かれている。なぜ、東北へも向かったのか。これは推測

中尊寺金色堂（写真：アフロ）

だが、大きな目的の一つは鉄かもしれない。

東北の北上山地周辺地域は中国山地周辺地域とならぶ砂鉄の主要な産地なのだ。朝鮮半島からの鉄が望めなくなった飛鳥時代、すでに手に入れている中国山地周辺以上の鉄を求めて、ヤマト政権は東北に目をつけた。

実際、飛鳥時代から平安時代にかけて、製鉄業が行われていた遺跡が発掘されるのは東北地方が一番多いのだ。それも北上山地。北上山地は岩手県から福島県まで流れる北上川に沿って山々を形成している。いまでも誰もが知っている日本製鉄北日本製鉄所釜石地区という製鉄会社が岩手県に存在している。ちなみに、中国地方には神戸製鋼所がある。

そして、征服した東北で、ヤマト政権は、服属した蝦夷を使って鉄の生産をさせている。岩手県山田町の上村遺跡では奈良時代の製鉄炉と鍛冶炉が見つかっている。さらに平安時代になると、岩手県宮古市に、製鉄から鍛冶まで一貫して行う大規模

北上山地（写真：アフロ）

北上山地は中国地方に並ぶ日本有数の砂鉄の産地

なムラが出現する。同市の島田Ⅱ遺跡から、177棟の竪穴住居と共に製鉄炉、鍛冶炉、炭窯が見つかり、豊富な鉄製品、鉄滓《てっさい》、鍛造剥片、フイゴの羽口が発掘されたのだ。

その生産を担っていたのは地元の蝦夷だった。そして、この蝦夷たちは砂鉄の精製過程で、砂金を発見することになる。

砂鉄から見つかる砂金

川で砂金探しをしたことがある人なら誰でも知っていることだが、砂を洗い流していくと、くるくる回して砂金を選び出すパンニング皿の底にはやがて比重の大きい砂鉄だけが残る。金が採れるときは必ず砂鉄も皿の底に残るのだ。

そして、砂より比重の大きい砂鉄が残るところには、同じく比重の大きい金も溜まっている。一方、皿に砂鉄が残らないときは金も見つからない。砂鉄と砂金は一緒にいつも出てくる。

砂金探しをする人たちにとって、皿に砂鉄が残るかどうかで有望な川かどうかわかるという。そして、蝦夷が探し当てた金が、後の岩手県平泉に栄える奥州藤原三代の黄金の国を作り上げることになる。

ここで少し奥州藤原三代に触れておきたい。ただし、奥州藤原三代は古代には含まれないから、奥州藤原三代の事績というよりも、その始まりについてである。

藤原清衡《きよひら》が藤原三代の初代に当たる。彼の父は多くの鎮守府将軍を生んだ武門の名族、秀郷流藤原氏の血を引く藤原経清。母は奥六郡（胆沢、江刺、和賀、稗貫、紫波、岩手郡）の在地の豪族、安倍頼時の娘だ。

ここで注目は父方の秀郷流藤原氏ではなく、母方の安倍頼時の方だ。秀郷流藤原氏は中央貴族の末端につながるものだが、安倍氏はそうではない。

俘囚と契りを交わして黄金の国を作った奥州藤原

安倍氏の源流ははっきりしない。一説には神武天皇に敗れた畿内の王長髄彦《ながすね》の兄安日《あび》彦がその始祖だという。しかし、安日彦の名前自体、『古事記』や『日本書紀』には載っていない。その名前は蝦夷へ流罪にされた鬼王安日として、鎌倉から室町期成立の『曽我物語』に載っている。後に作られたものだろう。

それより、広く流布しているのが、安倍氏は俘囚《ふしゅう》長であったとの説である。文献上では、康平7（1064）年の太政官符に「故俘囚首安倍頼時」との記載がある。俘囚とは、陸奥・出羽の蝦夷のうち、蝦夷征伐などの後、朝廷の支配に属するようになった者のことを指し、その長はヤマト政権から選出された有力者であった。

きっと安倍氏は、俘囚では、ちょっとカッコがつかないから、神武天皇に敗れた王であるとしたのだろう。

俘囚長ということは、安倍氏は蝦夷から選ばれた族長ということだ。奥州の広い範囲の蝦夷を束ねる親分だった。だから、蝦夷の情報は安倍氏のもとへ集まっていた。生業である鉄のことはもちろん、金の情報もつかんでいたはずである。

その安倍氏と秀郷流藤原氏が結びついて奥州藤原氏が誕生した。奥州藤原氏にしてみたら、いいカネづるができたということだ。そして平泉は黄金の国になる。

さらにいえば、この平泉がシルクロードを経てヨーロッパに伝わり、黄金の国、ジパングの伝説へとつながっていく。

マルコ・ポーロの『東方見聞録』は誰もが知っているだろう。

ただし、これ以降の時代は中世なので、これ以上は詳しく触れないが、ヤマト政権が目指した鉄が古代東北の鉄の生産を生み出し、それが黄金伝説へとつながっていったのは確かだ。そして時代は古代から中世へと変わっていった。

『東方見聞録』を書いたマルコ・ポーロ（写真：アフロ）

あとがき

歴史書というものには、常に、時の権力者の思惑が入っている。司馬遷の『史記』であれ、『古事記』であれ、『日本書紀』であれ、歴史を刻む作業には、その人間の思惑が入ってくる。そして、その歴史を描く人間は、常に時の権力者の思惑からまったく離れて書き続けることはできない。

だから、文献を読む時は、その時代背景を知ったうえで、読まないと、書いた者の思惑に騙されてしまう。本書では、できるだけ、その思惑もわかるように描いてきた。

本書のタイトルには『封印された日本の古代史』と書かれているが、封印というより、常識ではない、あるいは無視されてきたもの、最新、という言葉が適切な古代史もあったと思う。

しかし、「えっ」と思うことが多かったと思う。それはなぜか。あなたが、自らの先入観で歴史を封印しているからだ。

現在、地球温暖化が叫ばれている。地球環境の変化によって、歴史が大きく変わってきたのは事実だ。ただし、温暖化によって何が起こったか。悪いことばかりだったのか？

縄文時代が始まったのは、地球温暖化による。そして、それによって1万年以上もの平和な時代が続いた。弥生時代は寒冷化によってスタートしたが、温かくなることによって生産力が上がっている。

いいことじゃないか。しかし、これを声高に叫んでも、結局、「地球温暖化を防ぐ」という世界の潮流に私たちは流されてしまって、いつの間にか、温暖化でいいことがあった歴史を忘れてしまう。

歴史に学ぶということは、いまの潮流に違う視点を持てることである。冒頭に書いたように、歴史書には権力者の思惑が入っている。同時に、あえて触れない歴史にも権力者の思惑が入っているのだ。

既存の大手メディアは、何となくそのことに気づいて、あるいは何となく乗っかって、あえて触れない歴史に、あえて触れない。それが自己回転していく。いつの間にか、その歴史は多くの人にとって、なかったものになっている。

そして、まっとうな歴史を研究している研究者の成果が見向きもされなくなる。歴史が封印されるということはそういうことでもある。

秦の始皇帝がやったように焚書坑儒だけが、歴史を封印するための行為ではない。現在、あなたが常識と思っていることと違うことが歴史上ではいくつも起こってきた。それは、あなたの常識が間違っているということよりも、長い歴史から見たら、あなたの常識が単なる捉え方のひとつでしかないということを表しているのだ。

歴史から学ぶということは、そういう偏狭な自分の考えを見つめなおすことではないだろうか。

編集部

主な参考文献

『水田と前方後円墳』（田久保晃著、農文協プロダクション、2018年11月刊）、『葬られた王朝』（梅原猛著、新潮社、2010年4月刊）、『新視点　出雲古代史』（松本岩雄他編、平凡社、2024年1月刊）、『何が歴史を動かしたのか　第2巻』（春成秀爾編著、雄山閣、2023年9月刊）、『何が歴史を動かしたのか　第3巻』（春成秀爾編著、雄山閣、2023年12月刊）、『ホモ・サピエンスの誕生と拡散』（篠田謙一監修、洋泉社、2017年6月刊）、『古墳の古代史』（森下章司著、ちくま新書、2016年9月刊）、『発見!ユダヤ人埴輪の謎を解く』（田中英道著、勉誠出版、2019年10月刊）、『日本とユダヤの古代史&世界史』（田中英道、茂木誠著、ワニブックス、2023年6月刊）、『古墳のなぞがわかる本』（河野正訓監修、岩崎書店、2019年9月刊）、『日本書紀1』（小学館、1994年4月刊）、『古事記』（小学館、1997年6月刊）、『現代語　古事記』（竹田恒泰著、学研プラス、2011年9月刊）、『人類にとって戦いとは1』（国立歴史民俗博物館監修、東洋書林、1999年3月刊）、『人類にとって戦いとは2』（国立歴史民俗博物館監修、東洋書林、1999年6月刊）、『アマテラスの暗号　上下』（伊勢谷武著、宝島社、2024年3月刊）、『古代日本の超技術　新装改訂版』（志村史夫著、ブルーバックス、2023年12月刊）、『知れば知るほど面白いアイヌの文化と歴史』（瀬川拓郎監修、宝島SUGOI文庫、2024年1月刊）、『応神天皇の正体』（関裕二著、河出書房新社、2012年2月刊）、『コメを食べていなかった?　弥生人』（谷畑美帆、同成社、2016年6月刊）、『感染症の文明史』（茂木誠著、KADOKAWA、2023年2月刊）、『ジオ・ヒストリア』（茂木誠著、笠間書院、2022年10月刊）、『別冊宝島2337号　岡村道雄が案内する縄文の世界』（岡村道雄監修、宝島社、2015年5月刊）、『あなたの知らない日本史の大常識』（日本博識研究会、宝島SUGOI文庫、2024年4月刊）

著者プロフィール

古代史の真実を研究する会（こだいしのしんじつをけんきゅうするかい）

学者ではないが、市井の歴史研究家たちの集まり。学者の研究を評価する一方、学者たちが無視したり、トンでも説として避けるたりするものも排除はしない。古代史は日本人のルーツを探るものであり、文献が少ないからこそ、どんな学説でも整合性がある限り、追及していく。それが真実を突き止める力になると信じている研究家たちの集まり。

スタッフ

カバーデザイン：妹尾善史（landfish）
カバー写真：アフロ
執筆&編集：中尾緑子、小林大作、古代史の真実を研究する会有志
本文デザイン&DTP：株式会社ユニオンワークス

世界が驚愕する！
封印された日本の古代史

2024年9月26日　第1刷発行

著　者　　古代史の真実を研究する会
発行人　　関川 誠
発行所　　株式会社宝島社
〒102-8388　東京都千代田区一番町25番地
電話：営業03（3234）4621／編集03（3239）0928
https://tkj.jp
印刷・製本　中央精版印刷株式会社

Printed in Japan
ISBN978-4-299-05961-1